12週間の使い方

ブライアン・P・モラン
マイケル・レニントン

中野眞由美 訳

The 12 Week Year

Get More Done in 12 Weeks
than Others Do in 12 Months

Brian P. Moran　Michael Lennington

実行サイクルの4倍速化プログラム

THE 12 WEEK YEAR
Get more done in 12 weeks than others do in 12 months

By Brian P. Moran and Michael Lennington

This translation published under license with the original publisher
John Wiley & Sons, Inc.
through Japan UNI Agency, Inc., Tokyo.

はじめに――12週間チャレンジ

多くのことを成し遂げられる人がいる一方で、本来できるはずのことも達成できない人のほうが圧倒的に多いのは、なぜだろうか？　もしも潜在能力を存分に活用できるとしたら、何が変わるだろうか？　日々、潜在能力を最大限に引き出せたら、人生はどう変わるだろう？　毎日最大限の能力を発揮できたら、半年後、3年後、5年後に私たちはどう変わっているだろう？

この一連の問いが本書の核であり、過去十数年にわたって私たちが問い続けてきたことでもある。この数年、私と共著者のマイクは、クライアントがもっと効果的に物事を実行できるようになる手助けをしてきた。個人やチームや組織の目標達成に必要な計画作りに力を貸してきたのだ。私たちの使命は、人々がどうすれば最大限の能力を発揮し、本来歩めるはずの人生を歩めるのか、その謎を解き明かすことにある。

「自分にできることをすべて実行すれば、私たちは文字どおり驚嘆するだろう」（トーマス・エジソン）

「私たちには人生が2つある。ひとつは今生きている人生、もうひとつは実現可能な人生だ」（『絵画の戦争〔The War of Art〕』著者、スティーブン・プレスフィールド）。

私はこの意見に賛成だ。特に後者の人生、つまり「実現可能な人生」に関心を持っている。それこそが、誰もが心から望んでいる人生だからだ。心の深い部分でその存在を信じ、実現できたらいいのにと願っている人生。その人生を築くのは、先延ばしや不安から妥協したりあきらめたりするあなたではなく、最高のあなた、最善のあなた、自信に満ちあふれたあなた、それに健康的なあなただ。一流のスタッフとともに颯爽と現れ、新しいものを生み出し、変化を与え、有意義な人生を送っているあなただ。

最高のあなたになれるなんて、すばらしいと思わないだろうか？　だが、どうすればそうなれるだろう？　何が必要だろうか？　非常に興味深い質問だ。私はあちこちを飛びまわってさまざまな人に会う度に、こんな質問をした。「最高ですばらしいあなたになるには、何が必要ですか？」。お気づきかもしれないが、答えは実に多様だった。

本書では、ごく短期間のうちに、それまでの4倍以上の結果を出す方法をお伝えする。最大限の能力を毎日発揮する方法を、きっちりと学ぶことができる。私たちは本書の中で、思考と行動を一致させて驚異的な結果を生み出すべく、トップパフォーマーの秘密を解き明かしていく。人生や仕事で偉業を成し遂げるのはそう難しいことではない、とおわかりいただけるはずだ。実のところ、それはまったく複雑なことではないが、だからと言って簡単なわけでもない。

本来ならできるはずのことができない最大の要因は、知識や知性、情報が不足していることではない。新たな戦略やアイデアが足りないことでもない。今以上の人脈が必要なわけでもなく、勤勉さや才能や幸運の問題でもない。もちろん、これらはすべて一因かもしれないが、違いを生む決定的な要因ではない。

「知識は力なり」という言葉を一度は耳にしたことがあるだろうが、私はそうは思わない。知識とは、それを活用し、それに従って行動を起こしてこそ、初めて力になるのだ。人は知識を増やしながら年を重ねていくが、その目的は何だろうか？　知識があっても、それを得た人が活用しないかぎり、誰の得にもならない。すばらしいアイデアも具現化されなければ価値がなく、市場は具現化されたものにしかお金を払わない。

あなたは頭が良くて、たくさんの情報やアイデアを入手できるかもしれないし、人脈があり、よく働き、才能豊かであるかもしれない。だが最後には、必ず行動を起こす必要がある。実行は、唯一にして最大の市場差別化要因だ。すぐれた企業や成功者のどこがすぐれているのかと言えば、競争相手よりもうまく実行している点だ。今のあなたの人生と

「実現可能な人生」との間に立ちはだかる壁は、一貫した実行の欠如だ。効果的な実行ができれば、自由になれる。それこそが、望むことを達成する方法なのだ。

あなたの人生で基準に達していないことや期待以上にできなかったこと、もっとできるはずだと思っていることについて考えてみよう。それらを客観的な目で見てみれば、うまくいっていないのはたいてい実行過程のはずだ。たとえば、成功者が実践してきた新しいアイデアがあるとしよう。これを別の人が活用しようとしたとして、果たしてどれくらいの人が成功するだろうか？

我が社のクライアントに、２０００人以上の保険外交員を抱える大手保険会社がある。その会社で1年じゅうトップの業績をあげているのは、１人だけだ。そこで他の外交員たちは、秘訣を教えてくれと彼に頼み込んだ。すると彼は嫌な顔ひとつせず、忙しいスケジュールの合間をぬって、自分が成功した方法を正確に教えた。その後、どれだけの外交員がその方法で成功できたか、おわかりだろうか？　そう、ゼロだ。だから彼は、もう教えないことにしたらしい。誰も、彼が教えたとおりにやらないからだ。

アメリカでは65％の人が太りすぎ、もしくは肥満だ。体重を落とし、健康になるには何か秘訣があるに違いない、と思うだろうか？

ダイエットとフィットネスは今や６００億ドル産業だ。毎年、ダイエットとフィットネスに関する新しい本が数多く出版されている。インターネットで「ダイエット本」と検索すると、4万5915件もヒットする（著者の執筆時点）。約4万6000冊。その中には、『アトキンス・ダイエット』や『サウスビーチ・ダイエット』という名の知られたものもあれば、『走れ、デブ女（Run Fat Bitch Run）』など、あまり知られてないタイトルもある。それなのに、アメリカ人はいまだに肥満で不健康だ。

大半の人はどうすればいいかわかっている。食生活を改善し、運動すればいい。それがわかっているのに、やらないだけなのだ。ということはやはり、知識の問題ではない。実行力の問題だ。

私たちの実績から言えば、すでに知っていることを一貫して実行するだけで、たいていの人は収入を2倍、もしくは3倍に増やすことができる。にもかかわらず、誰もが新しいアイデアを探し続けている。次のアイデアこそ、すべてを改善してくれる魔法になると思っているのだ。

アン・ローフマンは、アイデアを実行に移すことで恩恵を受けた。彼女はヒューストンのマスミューチュアル生命で財務顧問をしている。長年仕事の成績はよく、誰から見ても成功者だったが、自分ではもっとできるはずだと感じていた。だが、どうすればできるのかわからなかった。あるとき、知人から「12週間チャレンジ」という目標達成の方法を紹介され、アンはこれを実践した。その結果、彼女の業績は400％アップし、マスミューチュアル生命ヒューストン社の103年の歴史上初の女性共同経営者になった。

アンは裕福な顧客を増やしたわけでも、大量に手紙を書いたわけでも、顧客層を拡大したわけでもない。財務担当者が業績をあげるためにやるようなことは何ひとつしていない。代わりにアンは、これまでやっていたことをもっと一貫してやり続けることで、実行力をさらに高めることに集中した。最も効果の高かった重要なタスクと戦略を絶えず実行し続けた結果、業績がぐっと上がったのだ。しかも、そう長い時間はかからなかった。

アンは決して特別な例ではない。個人や組織が実行力を上げただけで、驚くべき結果を出している例は他にいくらでもある。

「何を知っているかではない。誰を知っているかでもない。何を行ったかが重要だ」

本書では、効果的に行動を起こすことで自分の本領を発揮し、あなたの人生において最も大切な望みを達成する方法をご紹介する。その大半は、すでにあなたが知っていることかもしれない。だが先ほども述べたように、言うは易く行うは難しだ。継続して行動を起こし、成功に結びつける秘訣をこの本でお伝えする。

本書のアイデアは、私たちがクライアントと行っている実行ワークの中で生まれ、うまくいったものだけを取り上げ、それ以外は省いた。つまり、すでに効果が実証されている。結果的に、簡潔だが効果的な本が完成した。

本書があなたにとって有益なものとなることを願っているが、それ以上に大切なのは、本書が行動を起こすきっかけになることだ。私たちがこの本を書いたのは、行動を起こす際のギャップを埋める手助けとなるためだ。だから、基本的な概念を理解すれば、ただちに取り組めるようになっている。

本書は2つのパートに分かれている。パートⅠでは、重要な目標を数週間で達成するまでのプロセスを解説する。パートⅡでは実際に目標を達成する方法を紹介し、パートⅠで紹介したアイデアを実行する際に役立つ特別なツールや秘訣もお教えしよう。

私たちが編み出した目標達成システム「12週間チャレンジ」はとても柔軟で、あらゆることに応用可能だ。個人でもチームでも、あるいはプライベートでも専門分野でも活用できる。実際、このシステムですばらしい成果をあげている個人や組織は数え切れない。

簡潔でありながら非常に効果的、それが本書の魅力だ。ここに書かれていることを実践すれば、どんなことであれ結果を飛躍的に向上させられる。そう確信を持って言えるのは、すでに本書を手に取った多くの読者から、驚くような反応が寄せられているからだ。

12週間チャレンジとは、ただがむしゃらにがんばるのではなく、大切なことに焦点を合わせ、それを成し遂げることが急務なのだという感覚を維持し、あなたを踏みとどまらせる価値の低いものを減らしていく。それが、あなたが今得ている結果を大幅に向上させ、ストレスを軽減し、自分に自信を与え、さらに自分を好きになることにもつながる方法となる。

それでは始めよう。

ブライアン・P・モラン
マイケル・レニントン

目次

II 実践！ 12週間チャレンジ

I

目標を達成するために必要なこと

THINGS YOU THINK YOU KNOW

成功に必要なこと、あるいは、
最大限に能力を発揮して実現可能なことを
達成するために必要なことなら知っている、
という思い込みについて。

「知識を得たあとで学ぶものが最も重要だ」
（ジョン・ウッデン／バスケットボールコーチ）

1 1年を再定義する

REDEFINING THE YEAR

ほとんどの人も、ほとんどの組織も、アイデアには事欠かない。効果的なマーケティング手法や、販売企画、経費削減案、顧客サービス向上など、効果的に実行できる以上のアイデアが常にある。つまり、うまくいかない原因は、知識不足ではなく実行過程にある。

「計画しただけでは、良い評価を築くことはできない」（ヘンリー・フォード）

個人や組織の最高の結果を妨げる原因のひとつは、年間計画だ。意外に聞こえるかもしれないが、年間目標や年間計画は高い成果の妨げになることがよくある。これらに効果がないと言いたいわけではない。良い効果はある。何もないよりは、こうした計画や目標があったほうが良い結果が出せることは間違いない。だが、そもそもこの1年という過程が業績を制限しているのだ。

長年にわたりクライアントと仕事をしていくなかで、興味深いパターンがあることに私たちは気づいた。大半のクライアントは、意識するとしないとにかかわらず、成功と失敗は1年かけて判断するものだと考えていた。彼らは年間目標を定め、年間計画を作り、たいていの場合、その目標を四半期ごと、月ごと、さらには週間目標にまで細分化する。だが最終的に成功を評価するのは、年度末だ。

私たちはこの落とし穴を「1年思考」と呼んでいる。

「1年思考」を捨てる

「1年思考」の根底にあるのは、「時間はたっぷりある」という暗黙の認識だ。1月の時点では12月など、はるか先のことのように思える。

年明けには大きな目標を掲げるが、たいてい1月末になると予定より少し遅れていることに気づく。当然そのことに満足はしないが、それほど気にもしない。なぜならこう考えるからだ。「まだ時間はたっぷりある。何しろあと11カ月も残っているのだから」。ところが3月の終わりになっても、まだ少し予定が遅れている。それでも、まださほど気にしない。なぜか。それは、取り戻す時間はたっぷりあるといまだに思っているからだ。そして、この「時間はたっぷりある」という思考が1年の後半まで続いていく。

私たちは1年が終わるまでまだまだ時間があると思い込み、それに従って行動している。それゆえ緊迫感に欠け、1週間の大切さ、1日の大切さ、一瞬の大切さに気づかない。だが、効果のある実行は、毎日、毎週、常に起こるのだ！

「1年思考」のもうひとつの落とし穴は、後半になれば結果が大幅に改善されるはず、という誤った思い込みだ。9月後半か10月には、まるで魔法のように業績がアップするに違いないと思っている。だが、今週できないことを、どうして1年かければできると思うのだろうか？　現実には、大切なのはすべての週であり、すべての日であり、すべての瞬間だ！　認識すべきは、実行とは月ごとや四半期ごとではなく、日々、一瞬一瞬に行われているいう事実だ。

「1年思考」と年間計画のせいで、多くのことが最適な結果に到達できずに終わる。最高の能力を発揮するには、年間モードを抜け出し、「1年思考」を忘れる必要がある。年単位で考えるのをやめ、もっと短いスパンを意識しよう。1年サイクルの思考は、人生は瞬間の連続だということ、そして究極を言えば、成功は一瞬のうちに起きるという現実を覆い隠す。また、重要な活動を先延ばしにしても、まだ望みは成就できる、目標は達成できると信じ込ませられる。

ここまでを読んで、あなたは反論したくなっているかもしれない。組織ならたいてい年単位で運営しているし、そのほとんどは計画を立てて、目標を達成しているではないかと。だが私は、再び異を唱えよう。計画を立てたからといって、実現可能なことが達成できることにはならない。私たちのクライアントには、たった12週間で業績が50%もアップした組織がいくつもある。一例をあげれば、ある10億ドル規模の金融関連企業では、半年の間に業績を2倍にした。これは1年サイクルのやり方ではできない。個人であれ、組織であれ、1年サイクルで考えないほうが業績は向上するのだ。

ぜひ「1年思考」を捨て、その成果を体験してみよう。

すばらしいことは年末に起きる？

「お値打ち価格」。年末が近づくと、広告にこのような売り文句が踊り出す。たしかに、こうした売り込みは効果があるし、毎年恒例にしている業界は多い。

もしあなたが年末の売り込みに参加したことがあれば、誰もが真剣に仕事に取り組み、重要な任務を完了させようと集中していることも、よくご存じだろう。1年間の成功と失敗は、最後の60日にかかっている。たいていの場合、年末までの残り日数がゼロに近づくにつれ、業績は急上昇する。

「締め切りほどやる気を起こさせるものはない」

これは、保険業界や金融業界ではよくあることだ。多くの販売店や企業では伝統的に12月の業績が1年で最もよく、第4四半期は年間売上の30～40％を占めている。目標と締め切りがあるだけでこれほど成果が上がるとは、驚くべきことだ。

ほとんどの業界で、年末は確実に盛り上がる。動きが活発になり、誰もが集中している。無駄な時間はほとんどなく、達成すべき明確な目標があり、重要なプロジェクトやチャンスに焦点を合わせている。結果に直接関係のない仕事は脇に押しやり、短期間で本当に重要なことだけに力を注ぐ。この時期になると、業績に関する会話も増える。経営陣は自分たちの目標達成に集中し、組織内で業績を評価する時間を増やし、1年で最も部下たちの士気を鼓舞する。

年末とはいったい何だろうか？　なぜ11月と12月の行動が、7月や8月の行動とは違うのだろうか？　それは当然ながら締め切りの存在が要因であり、12月31日を締め切りと考えている人が大多数だからだ。年末は、成功か失敗を線引きするポイントなのだ。それが任意に定められた期限だという重要な点は忘れ去られ、みんな締め切りを受け入れている。だが、これは単に緊迫感を持たせるために作られた期限に過ぎない。

自主的であれ、会社からの指示であれ、誰もが11月と12月を正念場とみなす。そのため、この時期にはあまり先延ばしをしなくなる。残された時間が少ないことに気づき、それまで避け続けてきた障害や課題に取り組む。そこから年末までは、呑気な気持ちも強い焦りに変わっていく。中断していたことを再開し、年末までに仕事を片付けようとする。時間切れになる前にゴールテープを切ろうと湧き上がってくる強い思いがある。

そこへ、新年への期待とともにやってくるわくわくとした感情が加わる。この1年がどういう結果に終わろうとも、来年はもっと良い1年になると誰もが期待している。仮に散々な1年だったとしても、年が明ければ新たな気持ちでスタートできる。すばらしい年だったとしたら、翌年はそれをさらに発展させていける。いずれにせよ、たくさんの希望を持たせ、良いことが起こりそうだという期待を高まらせるものが、新年にはある。

年末はわくわくとして生産的な時期なのだ。特に、最後の5～6週間が1年で最も楽しい時期だ。良い年末を迎え、喜びとともに新年を迎えようと、非常に慌ただしくなる。

問題は、この緊張感がほんの数週間しか持続しないことだ。1年を通してこうしたエネルギーや集中力、決意を保てたらすごいと思わないだろうか？　実は、「12週間チャレンジ」と「ピリオダイゼーション（期分け）」の概念で、それができる！

ピリオダイゼーションの威力

ピリオダイゼーションは、パフォーマンスを劇的に向上させる運動トレーニング技術として始まった。その原則は、まず特定のスキルや規律に焦点を定め、集中し、そして過負荷をかける。通常4～6週間の限られた期間で、ひとつのスキルを集中的に訓練する。それが終わると、続けて次のスキルの訓練に移る。こうすることで、各スキルの能力が最大化されるのだ。１９７０年代に東欧の選手たちがオリンピックのトレーニングとして取り入れ、最近ではさまざまなスポーツでトレーニングとして活用されている。

「人間は繰り返しによって作られる。卓越した能力は行動ではなく、習慣でしか得られない」（アリストテレス）

ピリオダイゼーションはビジネスや個人の成功にも効果を発揮する。そこで私たちは、単なるトレーニングではなく、収入と生活のバランスを左右する要素に焦点を合わせられる手法として構築した。それが「12週間チャレンジ」という目標達成システムだ。このシ

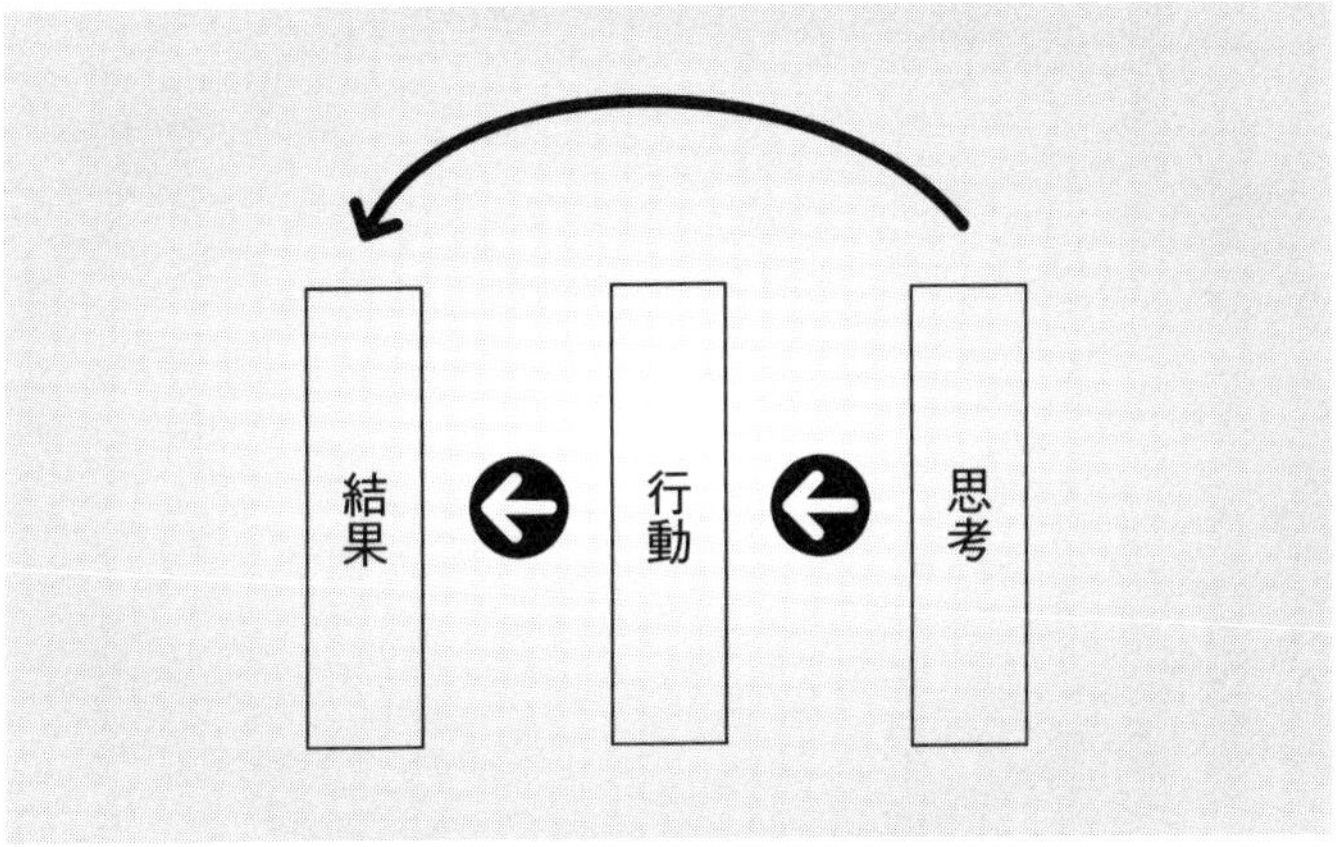

ステムを使うと、長期的な目標を達成するために今日やるべき重要なことを定義できる。

12週間チャレンジは、あなたの思考と行動を根本的に変える体系的な手法だ。理解すべき重要な点は、あなたが達成した結果は、あなたの行動の産物だということ。では、行動は何の産物かと言えば、あなたの根底にある思考だ。つまり、思考が結果を左右している。あなたの思考が、あなたが人生で経験することを生み出しているのだ。

結局、あなたの行動は、あなたの思考と常に一致している。行動を変えることに重点を置けば、結果はゆっくりと改善されていく。だが思考を変えれば、それだけですべてが変わる。行動は新たな思考パターンに合わせて自然と調整されていくからだ。ブレイクスルーとは、こうして訪れる。ブレイクスルーは行動から始まるのではなく、まず思考で作られる。ここに12週間チャレンジの威力がある。まず思考を変え、それによってブレイクスルーの機会を作り出すのだ。

その結果、緊迫感が高まり、成功と達成を促進させる重要なことにもっと注力できるようになり、長期的な目標を確実に達成させてくれることを日々実行できるようになる。

12週間チャレンジは、個人や組織が大きな成功を収めるために必要なツールと集中力をもたらす。それにより、大切なことを見極める勘と、日々必要なことを行うための緊迫感が高まる。さらに、その日その日の好機を収穫し、継続的に成功し続けるための大切な種を蒔くこともできるようになるのだ。

1年は12週間

これまでの1年というものを忘れよう。ここまでを読んで、「1年思考」には落とし穴があることを理解できたはずだ。

そこで、ここで1年を再定義してみよう。1年はもう12カ月ではない。これからは、たったの12週間だ。そう、1年は12週間しかないのだ。1年に四半期というものは、もう存在しない。それは古い考えだ。これからは12週間で1年、それが終わるとまた12週間の1年が始まり、そしてまた12週間の1年……と無限に続いていく。12週間がひとつの期間であり、それがあなたにとっての1年となるのだ。つまり12週間チャレンジでは、毎年12月にやってくるあの興奮とエネルギーと集中力が、短期間で訪れる。今は12カ月ごとにしかこない年末の追い上げが常に起こるのだ。

11月と12月に行動が変化するのは、成功か失敗かの判定が下る12月31日がやってくることを知っているからだ。だが、すでに指摘したように、12月31日は任意に定められた期限でしかない。カレンダーの最終日ということもあって、業績評価にもってこいの日のように思えるが、自分たちが定めた「締め切り」という重要な意味以外には、この日に特別なものは何もない。私たちのクライアントには6月30日が年度末の企業もあるが、彼らもまた高成績で年度末を締めくくろうと懸命に努力するため、6月に最も盛り上がりを見せる。要するに、日付はたいして重要ではない。ゲームが終了して成功か失敗を評価する期日があることが重要なのだ。

12週間チャレンジでは、成功（もしくは不成功）を判定する新たな終盤戦の日を年度末以外に定める。12週間チャレンジのすばらしい点は、常に締め切りが近いため、目標を見失わないことだ。12週間というのは何かをやるには十分な長さだが、緊迫感を作れる一方で実行前の先入観を持たない短さでもある。締め切りが近づくと行動が変わるのは人間の本質だ。締め切りのおかげで先延ばしが少なくなり、逃避を減らしたり避けたりできて、大切なことにもっと集中できる。

だが同時に、12週間チャレンジでは、実行力のなさを克服しなければならない。何しろ、良い結果で終わらせたいなら、12週間のうちの何週を無駄にできるだろうかと考えてみれば、せいぜい1、2週間だとわかるからだ。そうなると、自動的に毎日が今よりも重要性を帯びてくる。12週間チャレンジで1週間に意識が定まるだけでなく、常に行動を起こす毎日にも意識が定まる。大切なことを後回しにして、まだまだ時間はたっぷりあると考える贅沢さとは、もはや無縁になる。

効果的な実行は、1カ月ごと、四半期ごと、半期ごとに起こるものではない。日々起こっている。それどころか、究極を言えば、一瞬ごとに起こっているのだ。12週間チャレンジは、この現実を真っ向から突きつける。

また、今後あなたは12週ごとに新年の期待を抱く。以前なら、もし1年の目標を少し高めに設定して、第3四半期までに達成不能だと判明したら、その後はやる気が起こらなくなっていたことだろう。そうやって10月までにあきらめてしまうことはめずらしくない。だが12週間チャレンジでは、そんなことはもう絶対に起こらない！　もし最悪な12週間だったとしても、そのことはすっかり忘れて、再び取り組み直すか、新たに始めればいい。もしうまくいったとしたら、その勢いに乗っていけばいい。どちらにせよ、12週ごとに新しいスタートが切れる。

「12週間チャレンジですべてが変わる！」

毎年のカレンダーの最終日と同じように、12週ごとの最後日には休息をとり、お祝いし、次に向けた準備をしよう。3日の休みでもいいし、1週間の休みでもいい。大切なのは、自分と向き合い、思考を止め、充電することだ。成功できる思考を持つ人々は、視線の先にあるものは見るが、すでに覆われてしまった地面はあまり見ない。12週間チャレンジでは少なくとも、自分の成長と目標達成に気づいて祝う機会が4倍になる。

12週間チャレンジを意識し続けることで、結論の先走りを防ぎ、すべての1週間を大切にできる。

2 感情とつながる
THE EMOTIONAL CONNECTION

効果的な実行は難しくない。だが、簡単なわけでもない。

多くの人も企業も、うまく実行しようと悪戦苦闘している。だが、効果的な実行には常に新たな行動が必要で、新たな行動は不快感を伴う。行動を起こしていくなかで困難もしくは厄介な課題に直面したとき、短期的な損失が目標達成後の長期的な利益をはるかに上回るように思えることがある。そのせいで、活動や戦略そのものまでを放棄することがよくある。

実行を成功させるには、感情と結果を強く結びつけることが、とても大切だ。やむを得ない事情でもないかぎり、ほとんどの人は不快な行動よりも快適な行動を選択する。問題は、重要な行動には不快なものが多いということだ。あなたが成長し、実現可能なことを達成し、計画を実行するために犠牲にすべきものとして真っ先にあげられるのは、快適さだ。つまり、あなたの能力を最大限に発揮しながら生きる秘訣は、快適さよりも重要なことに価値をおくことだ。

したがって、うまく実行するための最初のステップは、目の前の快適さ以上にあなたが望む魅力的な未来のビジョンを作り、それを維持することになる。そして、もう少し短いスパンで目標と計画を立て、その長期的なビジョンと一致させるのだ。

あなたが本当に達成したいことは何だろうか？　どんな功績を築きたいだろうか？　自分や家族のために望むことは？　精神的に望むものは？　どの程度の安心を求めているだろうか？　あなたのキャリアで望む収入と満足感はどの程度だろうか？　どんなことに興味を持ち、探求したいと思っているだろうか？　与えられた時間の中で、あなたが本当にやりたいと思うことは何だろうか？

もしあなたが、もっと質の高い仕事をし、新しい考え方を取り入れ、成功したいのであれば、魅力的なビジョンを持とう。今よりも質の高い仕事をするなら、未来のビジョンは現在のビジョンよりも大きなものである必要がある。しかも、感情にしっかりと結びついたものでなければならない。魅力的なビジョンがなければ、変化に伴う痛みを経験する理由が見つからなくなるからだ。

「不可能と思える偉業の背後には、不可能を成し遂げようと思い描く夢想家がいる」
（ロバート・K・グリーンリーフ／サーバント・リーダーシップ提唱者）

ビジョンは、あらゆる面ですぐれた成果を出すための出発地点だ。ひとつの成果を出すには2度ゴールに到達しなければならない。まずは精神的に、それから現実的に。すぐれた成果を出すための最大の壁は、現実的な作業ではなく精神的な作業だ。心に思い描いた自分よりもすぐれた自分になれることは決してない。ビジョンは、あなたが思い描いた可能性を最初に受け止める場所なのだ。

あなたは人生で何を築きたいのか、まずはそれを明確にする必要がある。仕事やキャリアを優先する人が多いが、仕事は人生の一部でしかない。そうは言っても、人生のビジョンは同時に仕事にも関連し、良い影響を与えてくれる。個人的なビジョン、つまり、あなたが未来の人生で望むものから始めたほうがいいのは、そういう理由からだ。それが終わったら仕事のビジョンに取りかかり、個人的なビジョンと一致し、かつ、そのビジョンを達成可能にするには仕事をどのようにしたらいいかを考えることにしよう。個人的なビジョンが魅力的なものであればあるほど、あなたの行動はそれに従いやすくなる。仕事に必要な日々の行動をしっかりと感情とつないでくれるのも、個人的なビジョンだ。

ビジョンの驚くべきパワーを活用するには、現状よりもすばらしい未来が必要だ。ブレイクスルーを起こしたいなら、つまり次のレベルに移行したいなら、恐怖も、疑念も、不安もすべて乗り越える必要がある。物事が困難になってきたとき、あなたをそのゲームに留まらせてくれるのは、個人的なビジョンなのだ。

個人的なビジョンは、情熱を掻き立てる。自分が情熱を感じるものを思い浮かべてみると、その背後には常に明確なビジョンがあることがわかるはずだ。もし、仕事や人間関係に情熱が感じられなくなったとしても、それは情熱の問題ではない。ビジョンの問題だ。

ここでは、魅力的な個人のビジョンと、人生の目標と一致し、かつ人生の目標達成のサポートになるような仕事のビジョンの作り方を紹介しよう。

「私はずっと大物になりたいと思っていた。でも今なら、もっと詳細に思い描く必要があったのだとわかる」（リリー・トムリン／女優・コメディエンヌ）

最初のステップは、あなたが人生で望むものを明確にとらえたビジョンの作成だ。精神面、人間関係、家族、収入、ライフスタイル、健康、地域社会など、あらゆる側面で自分の望む人生を定義しよう。個人的なビジョンは、仕事とキャリアの目標に感情をつなぐ土台を作り、仕事と人生の双方で望むものに強力なつながりを持たせてくれる。

仕事のビジョンは、個人的なビジョンを考慮して作成すれば最もパワフルなものになる。

多くの人が困難に直面して乗り越えられなくなるのは、人生とのつながりが欠けていることが原因だ。仕事の目標はそれ自体が目標ではなく、目標を達成するための手段だ。経営陣が成功のために計画を立てても、それが成功に必要な真の動力源につながっていないことは非常によくある。基本的に、そもそも私たちが仕事をするのは、個人的なビジョンのためだ。

個人的なビジョンと仕事の成功とのつながりを理解できれば、個人の目標達成に必要な収入や成果はどの程度か、明確に定義できるだろう。ビジョンがあれば、課題を乗り越えて実行するために必要な焦点と感情的なつながりを得られる。もし課題があまりにも困難か、もしくは不快なものなら、個人的な目標とビジョンに再度つながる必要がなる。困難があっても前進する力を与え、夢や望みを達成させてくれるのが、この感情的なつながりなのだ。

脳とビジョン

脳は驚くべき器官だ。ジャーナリストのデービッド・フロストはこう言っている。「脳は朝目覚めた瞬間から活動を開始し、仕事に没頭するまで勝手に動き続ける」

私たちの脳は強力ですばらしいが、矛盾することもある。さまざまな機能をつかさどっているため、矛盾した働きをしているように思えることがあるのだ。あなたは脳が混乱していると感じたことはないだろうか？　もしあったとしても、それはあなただけではないし、頭がおかしいわけでもない。脳に関するいくつかの画期的な研究は、あなたが経験していることを説明し、自分が望む人生を送るにはどのようにして脳を効果的に活用すればいいかを教えてくれる。

研究者たちは、脳の扁桃体と呼ばれる部分が、想定外のことやリスクに直面したときにネガティブな反応をすることを発見した。この反応は、危機の回避や生存には非常に役立つ。だが、現在とはがらりと変わった未来を想像してみると、あいにく予測できないことに直面する。というのも、想像した未来を築いて維持する方法がわからないからだ。そうなると、この扁桃体が介入してくる。

危険を回避する脳の作用が障害となるのは、このときだ。扁桃体は想定外のことやリスクのある状況から私たちの身を守ろうと、常に目を光らせている。今の快適ゾーンを広げ、現状よりもはるかにすばらしい未来を思い描くと、危険をもたらしそうなことをする前に、扁桃体はすべてのプロセスをシャットダウンしてしまうのだ。

残念なことに脳は、私たちが変化に抵抗し、偉大になることを遅らせようとして、現状に踏み止まらせる。だが、いいニュースもある。脳には、扁桃体とのバランスをとるために前頭前皮質（PFC）と呼ばれる領域がある。この前頭前皮質は、ひらけた景色を見渡したときに活発になるが、興味深いことに、未来のすばらしい自分をイメージしたときにも活発になる。わくわくする未来をイメージしたとき、前頭前皮質の電気的信号が増加することがわかっている。

研究によると、脳は「変化する」というすばらしい力を持っている。以前なら、基本的に脳は成人すると変化しないと考えられていたが、今では、時間とともに変化することが知られている。頻繁に使っている脳の部分では、実際に、神経連絡網が密になったりサイズが大きくなったりするのだ。

このように脳が変化する力を神経可塑性と呼ぶ。なぜ、これがそれほど重要かと言えば、脳は変化と成長をする能力を備えており、その変化と成長は、どのように脳を使うかによって決まるからだ。

ここでまた、いいニュースと悪いニュースがある。あなたが意図的に前頭前皮質を使おうとしないかぎり、脳はそのまま変化に抵抗し、あなたを現状に押し止めようとする。だが、思考によって脳は変えられる。わくわくする未来を思い描くことで、それも、魅力的で自分の感情とつながった望む人生を定期的に繰り返し思い描くことで、脳を強化し、成長させることができるのだ。

しかも、わくわくする未来を思い描いたときに活発になるニューロンは、そのビジョンに従って行動したときに活発になるニューロンと同じだ。つまり、ビジョンを思い描くだけで実際に行動するときの訓練ができる、ということだ。だからこそ、第一段階でやるべきは、心が躍るようなビジョンを作り、それを維持する方法を学ぶことなのだ。

「教えてください。あなたの自由で貴重な人生を、どのように生きるつもりなのかを」（メアリー・オリバー／詩人）

3 年間計画を捨てる

THROW OUT THE ANNUAL PLAN

どこに向かいたいかという明確なビジョンができたら、次は計画が必要になる。家族旅行で、地図を持たずに車で全国縦断すると想像してみよう。地図を持たずに出かけるのは良い考えではない、と同意してもらえるはずだ。

「計画のないビジョンは、幻想である」

ビジョンと目標を達成するための計画を立てることは、旅行に地図を持っていくことよりも大切だ。だが悲しいことに、ほとんどの人は仕事の計画より旅行の計画を立てることに、より多くの時間を費やしている。

計画作成から取りかかる明確な利点は3つある。

- ミスを減らせる
- 時間を節約できる
- 焦点が定まる

計画を立てることで、目標達成までのベストの道のりを事前に熟考できる。先に紙の上で間違っておけば、実際に行動したときのミスを減らせる。さらに、計画を立てることで時間と資源が大幅に節約できる、という調査結果もある。これは逆説的に思えるかもしれない。実際、絶えず動いていなければ生産的ではないと感じる人は多い。だが本当は、計画を立てているときが最も生産的な時間なのだ。

最終的に、計画は良い地図と同じように、あなたを集中させ、目的に向かわせてくれる。これは非常に重要なことだ。なぜなら日々のさまざまな出来事のせいで、意識が目標から逸れてしまうことがあるからだ。だが計画があれば、常に重要なことに意識を戻せる。

12週間計画

12週間の計画を立てることにはさまざまな利点があるが、そのうちのいくつかは、これまでの年間計画とも重なる。だが12週間計画は、決して四半期計画ではない。四半期計画を立てるのは、古い「1年思考」のやり方だ。12週間計画では、それぞれの12週間は独立している。12週ごとに、成功するための新たな12週間が訪れるのだ。

12週間計画には、1年計画にはない3つの明確な違いがある。ひとつは12カ月計画よりも予測しやすい点だ。計画が長期的なものになればなるほど、予測が難しくなる。長期計画では、それ以前の仮定の上に仮定が積みあげられているが、それ以前の仮定もまた、さらにその前の仮定の上に積まれている。もし未来の予測がうまい人がいたら、私に電話してほしい。ぜひ、株の銘柄選びについて話をしよう！

現実的に言って、11カ月、12カ月先の日々に何をすべきかを決定するのは、不可能ではないにしても、非常に難しい。そのため、通常の1年計画は目標重視になる。

一方、12週間計画では予測がはるかに容易になる。12の週について、それぞれ何をするべきかを高い確度で決定することができる。つまり、12週間計画は数値重視であり、行動重視でもある。それにより、あなたが今日起こす行動と達成したい結果とを強力に結びつける。

2つめの違いは、12週間計画はより集中的である点だ。1年計画では目標が多すぎる。これもまた、実行がうまくいかない主な理由のひとつだ。なぜ目標が多くなるのかと言えば、1年計画では365日かけて達成したいことをすべて盛り込んでしまうからだ。これでは、やる気が失せて失望するのも仕方がない。結局、1年計画では広く浅く、あれこれとした目標を並べ立てるしかなく、それでは成功できない。

機会とは、常に、あなたが追求するよりもたくさんある。だが12週間チャレンジは、多くのことをそれなりにできるようになる手法ではなく、少しのことを非常にうまくできるようになる手法だ。12週間チャレンジではまず、強烈なインパクトをもたらすであろうことを上から順に3つ挙げ、それらを集中的に追求する。12週間計画では、カギとなる領域を2~3点に絞ってから、エネルギーと緊迫感を作り出していく。

1年計画との3つめの違いは、12週間計画は体系化されている点だ。ほとんどの計画は、良い計画を立てさえすればいい、という暗黙のルールのもとに目標が書かれている。そうした計画はたいてい、きれいなファイルに綴じられ、実行されることは滅多にない。

目標設定

計画を作成するときに注意すべき点は、目標達成に必要となる重要な行動をいくつか特定し、それらの実行に役立つようにすることだ。うまく実行するために役立たない計画であれば、作る意味はない。だが悲しいことに、ほとんどの計画は、実行が考慮されていない。だが、計画がどのように考えられ、どのように書かれたかは、その後の実行力に影響を与える。

効果的な計画は、複雑さと大雑把さとのバランスがとれている。まずは12週間全体の目標を決めることから始めよう。その目標は12週間チャレンジにおける成功を定義するものだ。同時に、すばらしい12週間と、長期的なビジョンへの着実な前進をも意味する。

「どこに向かっているかがわかっていなければ、まったく違う場所にたどり着いてしまう」（ヨギ・ベラ／元メジャーリーガー）

12週間の目標を設定したら、次は戦術を決定する必要がある。最も簡単なのは、12週間の目標を個々に分ける方法だ。たとえば、もし目標が「1万ドル稼ぐ」と「5キロ減量」

なら、収入の目標と減量の目標に分けて、それぞれに戦術を書こう。戦術とは、目標達成に向けて日々行うべきことだ。そのため具体的かつ実行可能なことで、期日や責任も戦術に含めなければいけない。効果的な戦術の書き方については、少し先の章で説明する。

12週間計画では、戦術を期日内に完了すれば、目標を達成できる。12週間の集中力を失わないためには、12週間の計画と長期的なビジョンをつなげる必要があることを忘れないように。12週間計画は強力で、今大切なことに集中させてくれる。12週間計画は1年計画の一部ではないことを覚えておこう。1年計画は古いやり方だ。

何かをやるのに12週間は十分な期間だ。同時に、緊迫感を作り、それを維持できる短さでもある。すぐれた成果を出し続ける人にとって12週間計画は、散漫と遅れを排除し、即座の行動を促す方法を手順とともに示してくれるロードマップとなる。

＊次の無料サイトに参加すれば、12週間計画の実例を知ることができる

→ www.12weekyear.com/gettingstarted/

4 一度に1週ずつ
ONE WEEK AT A TIME

長期的な成果は、日々の行動によって作られる。ジョンズ・ホプキンズ大学医学部の創設者であるウィリアム・オスラーは、自身の成功の秘密は1日区切りで生きていることだと言っている。オスラーは、未来のために計画を立てても、行動を起こすのはその日だということに気づいていた。日々の行動を本当に効果的なものにするには、行動を長期的ビジョン、戦略、戦術と一致させなければならない。

結果をコントロールするより、行動をコントロールするほうがはるかに簡単だ。結果は行動によって作られる。だからこそ、数値目標だけでなく、具体的で重要な行動を割り出し、計画に盛り込むことが大切だ。

「あなたの未来を見通す偉大な予言者は、あなたの日々の行動である」

物質世界は、あなたの望みがどれほど強烈で情熱的なものであっても、一切反応してくれない。この物質世界を動かす方法のひとつが行動だ。すでに述べたように、ビジョンがとても重要なのは、ゲームの終わりとあなたの行きたい方向を定義してくれるからだ。ビジョンは動機も与えてくれるが、行動の伴わないビジョンは単なる夢でしかない。夢を現実に変えるのは、一貫した行動だ。

計画が途中で行き詰まるのは、たいてい実行過程だ。ほとんどの人は、自分の人生の何かを改善したいと切望している。収入を増やしたいとか、新しい仕事を見つけたい、ぴったりのパートナーに出会いたい、減量したい、人間関係を良くしたい、あるいは、ゴルフがうまくなりたい、良い親になりたい、良い人間になりたい。だが、願っているだけでは不十分だ。

変わりたいという意思を持っているだけでは不十分なのだ。もっと良くなりたいという意思に基づいて行動を起こさなければ、何も変わらない。それも一度きりではなく、継続的に。古代ローマの哲学者ルクレティウスは「水滴は石をも穿つ」と言っている。目標を達成するには、重要なタスクを絶えずやり続ける必要がある。それが望むものを手に入れるカギだ。

今の行動が未来を作る。自分の未来がどうなるかを知りたければ、今の自分の行動に目を向ければいい。行動は、あなたの未来を見通す最もすぐれた予言者だ。将来自分が健康かどうかを予言したければ、今の食生活と運動習慣を見てみればいい。この先、結婚生活がうまくいくかどうかを予言したければ、今のパートナーとの関係に目を向ければいい。これからのキャリアと収入を予言したければ、日々の仕事でどんな行動を起こしているかを考えてみればいい。行動がすべてを物語っているのだ。

週間計画

「1オンスの行動は1トンの理論に値する」（ラルフ・ウォルドー・エマソン／哲学者）

週間計画は、12週間計画を日々の行動と毎週の行動に落とし込む強力なツールだ。1週間を体系化して、その週に集中させる手段となる。いわば、1週間の作戦になるのだ。これがあれば、毎日の重要な行動を思い出せる。週間計画は、長期的課題と短期的課題の両側面で本当に重要なことに意識を集中させるため、行動計画の作成に役立つ。また、意識を逸らす雑音や誘惑に簡単に気を取られることを防ぎ、集中力と生産性を保ってくれる。

週間計画は見栄えのいいTODOリストではない。むしろ、目標達成のために今週行わなければならない重要な行動が戦略的に示されているものだ。

効果的な週間計画の出発点は、12週間計画だ。12週間計画には、最終目標の達成に必要な戦術がすべて含まれている。各戦術を完了すべき週が指定され、その戦術が日々の行動を決定している。週間計画は12週間計画から派生したものであり、基本的には12週間計画を12分の1にしたものだ。

週間計画を効果的に活用するには、毎週の初めに15～20分の時間を割いて、これまでの進捗状況を確認し、その週の計画を立てる必要がある。さらに1日の初めには5分ほど週間計画を確認して、その日の行動計画を立てよう。

12週間チャレンジでは、各週の重要性を強調することで、その週により焦点を合わせられる。今や1年は12週間であり、1カ月が1週間、1週間が1日なのだ。このように考えてみると、1日がより重要でパワフルに感じられるだろう。週間計画があれば、行動に集中できる。多くのことをそれなりにできるのではなく、少ないことを非常にうまくできるようになる。確実にあなたの努力を最大限に生かすために、週間計画は強力で欠かせないツールだ。

週間計画は戦略と優先事項、長期的課題と短期的課題、あなたが果たすべきこと、これらをすべて網羅している。そのことが、12週間の目標を忘れないよう各週でやるべきことに集中するために役立つ。そして目標は、ビジョンを思い出すために役立つ。すべては密接につながっているのだ。

このツールの真の効果を発揮するには、常にこの計画を持ち歩き、日常的に使用する必要があるだろう。1日の始まりは週間計画に目を通し、その日のうちに何度も確認しよう。その日に完了すべき戦術を計画したら、完了するまでは家に帰らないこと。そうすることで、非常に重要な課題や戦術が毎週きっちりと完了する。

私たちのサイト（www.12weekyear.com）では、週間計画や他のツールのサンプルを見ることができる。週間計画は他のどのツールにも増して、毎日、毎週の実行に役立ち、ビジョン達成にも生かせるはずだ。

5 真実と向き合う

CONFRONTING THE TRUTH

なぜスポーツはあれほど意欲を刺激するのか、不思議に思ったことはないだろうか？実は、意欲を刺激されるのは選手たちだけでなく、観客もそうだ。想像してみてほしい。人々……いやファンが、あなたが仕事をしている姿を見る特権を得るために、大金を払って押しかけて来るところを。

スポーツが刺激的である理由のひとつは、スコアを記録する点にある。スコアの記録は競争の原点だ。私たちがスコアや測定値、統計値を記録するのは、成功かどうかを判断し、改善すべき部分を特定するためだ。スポーツの試合中、選手やコーチ、ファンはみな自分たちのチームの状況を正確に把握している。そこから、より良いパフォーマンスや成功を導く決断のもととなる知識を得られる。言い換えれば、スコアを記録することで、効果的に実行できているかどうかの判断を下せるということだ。

ビジネスでは往々にして、スコアの記録がうまくいかなかったり、客観的な尺度がないせいで効果的かどうかの確信が持てなかったりする。だがスポーツと同じく、評価はビジネスを推進する。

1960年代、心理学者のフレデリック・ハーズバーグは、人が働く動機についての研究を始めた。彼が徹底的に調査した結果、上位2つの動機は成果と評価であることがわかった。目標が達成できているかどうかは、測定することでしか判断できない、つまり、スコアを記録することだ。一般的に、スコアの記録は自尊心を傷つけると誤解されているが、研究によれば反対の結果が示されている。測定は自尊心と自信を高める。その理由は、成長と成果が実証されるからだ。

成果を測定する

スコアを記録することで実態を把握できるようになり、成果のフィードバックや自身の行動の有効性を見抜く洞察力を得られる。効果的な測定であれば、評価に感情的な要素が入ることがなく、ありのままの成果を映し出す。そこに努力や意図は反映されていない。

ただ結果を表しているだけだ。

私たちは誰しも、思わしくない結果を理論的に正当化しがちだが、スコアを正しく記録すると、現状に直面せざるを得ない。それがどんなに嫌なことであっても。そして、現実に直面するのが早ければ早いほど、より望ましい結果を得るために早く行動を切り替えられる（簡単なことではないが）。これが効果的な測定だ。効果的な測定は注意を引きつけ、より早い対応ができるよう促し、成功の可能性を高めてくれる。

「私たちは神を信じる。神でない者は、信じるに値するデータを持参せよ」（W・エドワーズ・デミング／統計学者）

測定することで実行が促進されるが、それは現実に錨を下ろすことでもある。大企業のCEOが会社の数字を把握していないなど、想像できないだろう。私やあなたも彼らと同じだ。あなたは自分の人生と仕事のCEOであり、数字を知る必要がある。測定することで重要なフィードバックを得られ、賢明な決断ができるようになるのだ。

効果的な測定では、情報に基づく意思決定に必要な全体的なフィードバックを得られるように、実行値と目標値の両方を記録する。

目標値とは、収入や売上、手数料、体重の減少量、体脂肪率、コレステロール値など、達成しようとしている最終結果のことだ。それに対して実行値は、最終結果を生み出すための行動であり、たとえば目標値が売上であれば、セールス電話の本数や紹介者の数が実行値だ。ほとんどの場合、目標値は効果的に測定されているものの、実行値は無視されがちだ。だが効果的な測定システムには、相互に補完し合う実行値と目標値の両方が必要だ。

実行値で最も重要なのは、実行を評価することだ。結果よりも行動のほうがはるかにコントロールしやすい。結果は行動によって作られるため、実行を評価することで、その行動が目標達成に最も重要なものだったかどうかがわかる。

ただし、始まりはビジョンだということを忘れてはならない。現在よりもすばらしい未来の魅力的なビジョンだ。あなたはそのビジョンに沿った12週間の目標を設定した。そして、目標ごとに達成に必要な手順を盛り込んだ行動や戦術を考えた。そのなかで、あなたが最も直接的にコントロールできるのは、戦術の実行だ。戦術をどれくらい実行に移せたかを判断できるのが、実行の評価なのだ。12週間の目標は長期的なビジョンに合わせて考えているため、実行の評価結果がそのままビジョン達成への進捗を表している。

実行を測定する手段を持つことは非常に重要だ。その理由は、うまくいかない原因を特定して、迅速に対応できるようになるからだ。行動してから結果が出るまでには数週間、数カ月、時には数年かかることもあるが、実行を測定すれば、より迅速にフィードバックが得られ、はるかに早く調整ができる。

さらに別の重要な理由もある。もし目標を達成していない場合、その原因は計画なのか実行なのかを見極めなければならない。この2つは対処の仕方がまったく異なる。もし計画が原因なら、戦略と戦術が効果的ではないということだ。反対に実行が原因なのであれば、戦術の実行を完全に行えていないということを表している。

何かがうまくいかないとき、60％以上の確率で実行が原因であるにもかかわらず、計画に問題があると思い込み、変更しようとする。これは間違いだ。なぜなら、計画に沿って行動しなければ、計画に問題があるかどうかもわからないからだ。

実行を測定すれば停滞の原因を特定でき、根本から対処することができる。ほとんどの場合、普通に実行できていれば、計画を変更したり調整したりする必要はない。実行を測定することのすばらしい点は、実行するたびにフィードバックが得られることだ。もし実行しても期待したものを生み出せなければ、市場のフィードバックに基づいて、必要な変更を加えればいい。

だが、まずは実行するのが先決だ。実行する前に計画を変更しようとすることがよくあるが、原則として、効果的に戦術を完了しているにもかかわらず成果がまったく現れない、という場合を除いて、計画を変更する必要は滅多にない。すばらしい計画を作成できたとしても、実際にやってみるまではわからないのだ。

もし、きちんと実行できているのに望む結果が出ていないとしたら、計画を見直すときだ。物理学では、行動には必ず何らかの反応があると言われている。つまり、うれしいことに、私たちは行動を起こすたびに何かしら生産できているということだ。それはあなたが期待しているものではないかもしれない。だが、何かは起こっている。その「何か」とは市場のフィードバックであり、そのフィードバックなくしては計画を効果的に再調整することはできない。自分が行った戦術がわからなければ、どんな変更をするにしても、単なる推測に基づいたものにしかならない。

「真実だけが安心して立っていられる場所だ」（エリザベス・キャディー・スタントン／社会運動家）

週間スコア表

実行を測定する最善の方法は、（12週間計画をもとにした）週間計画を使用して、完了した戦術をパーセンテージで評価することだ。12週間チャレンジでは、「週間スコア表」と呼ばれるツールを使用する。週間計画には、最終目標の達成のために毎週完了すべき重要な行動が書かれている。週間スコア表とは、1週間の計画がどれだけうまくできたかを、客観的に判断するためのものだ。結果ではなく、実行を測定するのだ。各週の行動が何%達成できたかを自分で記入しよう。

目標達成に向けて努力することは必要だが、完璧を求める必要はない。私たちの経験上、週間計画の85%をうまく実行できれば、目標を達成する可能性が高くなる。覚えておいてほしいのは、あなたの計画には、あなたの人生に最大の価値と最高の影響力を付与する最優先事項が含まれている、ということだ。言い換えれば、優先事項の85%をうまくできればいいのだ！

ここでひとつ注意点がある。週間スコア表は、気が弱い人には向いていない。時には実行がうまくいかず、スコアが低くなることもある。そうすると、現実に向き合う勇気がなくて挫折する人もいる。そうした人たちは、記録をつける代わりに、今大事そうに思えることで気を紛らわせようとする。だが、12週間チャレンジには逃げ場がない。行動したこととしていないことが、煌々と照らし出される。

誰しも、実行が大変なときはある。それでも、12週間チャレンジでは実行力のなさに直面させられる。それは不快なことだろう。だが、あなたが最高の力を発揮しようとするのなら、それがまさに必要なことなのだ。私たちはその不快感を「成功前のストレス」と呼んでいる。

成功前のストレスとは、やらなければいけないとわかっているのにできないときの不快な感情だ。私たち人間は不快感に直面したとき、無意識のうちにそれを解決しようとする。解決方法は2つあるが、選択するのはどちらかだ。簡単なのは、12週間チャレンジをやめ、行動していない事実を煌々と照らす灯りを消すことだ。これは典型的な受け身の抵抗で、記録することをやめ、「また後でやればいい」と自分に言い聞かせる。だが、その「後」は一向に訪れない。

もうひとつの方法は、成功前のストレスを変化のきっかけに利用することだ。実行率の高い人は、不快な感情を逃げ道にするのではなく、前進するための刺激として活用する。もしあなたが、途中でやめるという選択肢はないと決断すれば、結果的に、成功前のストレスが行動を完了させるきっかけになるだろう。あなたが計画を実行し、前進することを強く後押ししてくれるに違いない。

もしスコアが65～70％だとしても、続けていけば良くなるはずだ。最終的に完全に目標を達成できなかったとしても、何らかの成果はある。完璧にやることが大切なのではなく、今までより良くなっていくことが大切なのだと覚えておくことは重要だ。

測定することで物事は動き出す。うまく実行し、最高の能力を発揮するには、効果的な測定が必要不可欠だ。実行値と目標値を含めた重要な評価方法の構築に時間をかけよう。だが最も重要なのは、スコアを記録すること。勇気を持って自分の行動を記録しよう！

6 意図

INTENTIONALITY

人生で成し遂げたいことはすべて、時間の投資が必要だ。そのため、結果を改善したいと思ったときに直面する問題は、時間を思うように使いたくてもうまくいかず、あっという間に時間が過ぎ去ってしまうことだ。

急速に技術が革新し、進歩しているこの時代にあっても、時間だけは他のどの資源にも増して、いまだに私たちの結果を制限している。クライアントに結果を出せない原因を尋ねると、たいていは時間の不足だという答えが返ってくる。それでも、私たちが持っている資源で最も消費されているのも時間だ。数年前にサラリー・ドットコムが行った調査によると、私たちは仕事がある日、1日のうち2時間近くを無駄に過ごしているらしい。

イエスとノーの重要性

現実的な問題として、時間を意図的に使わないと、結果を成り行きに任せることになる。コントロールしているのは結果ではなく行動であり、行動によって結果は作られる。ということは当然ながら、日々選択している行動が、最終的には運命を決定する。

時間には貴重な価値があるにもかかわらず、多くの人は意識せずに毎日を過ごしている。言い換えれば、時間に関連した行動に価値があることをあまり深く考えずに、目の前に現れるさまざまな要求に答え、その対応に時間を費やしている。このように問題が起きてから対処していると、ただ振り回されるだけで、最高の力を発揮できない。

自分の潜在能力を発揮するには、時間を意識的に使う方法を学ばなければならない。明確な意図を持って生きるのは、受け身でいようとする人間本来の強い傾向に逆らうことになる。そのため明確な意図を持って生きるには、優先事項を生活の中に組み込み、目標やビジョンに沿った行動を意識的に選択する必要がある。

意識的に時間を使っていれば、イエスと言うべき場面とノーと言うべき場面がわかってくる。もしかすると、低レベルの活動を行っているのは、先延ばしにしたり、報酬は高いがあまり快適ではない行動に取りかかったりすることを避けるためだと、あなたも気づいているかもしれない。
意図的に時間を使っていると、無駄な時間が減り、価値の高い行動により多くの時間を費やせるようになる。だがそうなるためには、自制心を持ち、毎日と毎週の行動を自ら進んで体系化する必要がある。それを行う最適な方法は、行動を促すために作成した12週間計画を使用することだ。その結果、1日に振り回されるのではなく、あなた自身が目標を決めることになる。意図は平凡との戦いにおける秘密兵器なのだ。

「忙しければいいというものではない。アリでも忙しいのだから。問題は、何をして忙しいのかである」（ヘンリー・デイビッド・ソロー／作家・思想家）

時間を区切る

ベンジャミン・フランクリン曰く、「1分を大切にすれば、1年は自然と大切なものになる」。これは賢明な助言だ。この知恵を生かす際の難題は、1日のうちには何かしら、あなたの貴重な時間を食いつぶす予期せぬことが必ず起こる点だ。こうした割り込みは、減らそうとしても大体うまくいかず、初めからさっさと片付けておいたほうが楽だった、ということになりかねない。

時間を意図的にうまく使う秘訣は、予定外の用事を締め出す代わりに、毎週一定の時間を戦略的に重要なことだけに割り当てることだ。これを「パフォーマンス・タイム」と呼ぶ。私たちの経験上、これが最良の効果的な時間の割り当て方だ。このテクニックは「タイム・ブロッキング」とも呼ばれているが、これで1日の主導権を取り戻し、最大限の効率性を手に入れられる。

パフォーマンス・タイムには主に3つの時間帯がある。

- **戦略タイム**――誰にも邪魔されない時間で、毎週3時間が必要。その間は電話にもファクスにも、メールにも、来客にも、すべてに一切応じない。その代わり、あらかじめ決めておいた戦略と、お金を生み出す活動に集中する。自分の知性と想像力に集中し、発展的な成果を生み出そう。この時間にこなせる仕事の質と量に、きっとあなたは驚くだろう。たいていの人は、戦略タイムは週に一度で十分だ。
- **雑用タイム**――メールや留守番電話への対応など、計画外で重要度の低い日常的なことをする時間。何度も仕事を中断されることほど、非生産的でいらいらするものはないが、予定外の出来事で1日が埋め尽くされる日もある。1日30分で十分な人もいるが、1時間の雑用タイムが2回必要な人もいる。この時間が効果的なのは、非生産的なことをグループ化するからだ。グループ化することで効率よく行え、残りの時間を有意義に使えるようになる。

- **休息タイム**――成果が横ばいになる主な原因は、自由時間の欠如だ。起業家や専門家がつい長時間の激務に追われるのは非常によくある話だが、そうなるとエネルギーとやる気が奪われる。より良い結果を出すために必要なのは、より長時間働くことではなく、むしろ仕事から離れる時間を持つことだ。こんな有名な格言があるのは、偶然ではない。「勉強ばかりで遊ばないと子どもは馬鹿になる」

休まないでいると、想像力が鈍くなる。効果的な休息タイムは少なくとも3時間は必要で、その間は仕事以外のことをして過ごそう。普段の仕事の合間に計画的に休息タイムを作れば、リフレッシュして精神的なゆとりを取り戻すことができ、仕事に戻ったとき、さらに集中して精力的に働けるようになる。

「時間をコントロールできなければ、結果をコントロールすることはできない」

パフォーマンス・タイムは、ただ3つに分けるだけのものではない。パフォーマンス・タイムを毎日、毎週の習慣にすればするほど、あなたの実行はさらに効果的になる。そのために最も良い方法は、理想的な1週間の状態を思い描くことだ。

理想的な1週間を思い描くには、典型的な1週間で発生する重要な作業を紙に書き出し、最も効率よく動けるように整理する。もし紙に書き出した予定がすべてぴったりと収まらなければ、現実的にもうまくいかない。事前に1週間の戦略を考えることで、時間をどのように使うか、という難しい選択を迫られることになる。

理想的な1週間を作成してみると、同時に、ルーティン作業の計画も立てやすくなる。ルーティン作業はできれば毎週、同じ日に割り当てる。最高の力を発揮するには、活動する時間帯も考慮したほうがいい。あなたは朝型だろうか？　それとも、午後型や夜型だろうか？　最も重要な行動は、自分が最も活動的になる時間帯に組み込もう。1週間のモデルプランの作成方法は16章で紹介する。

パフォーマンス・タイムを取り入れると、即座に結果に影響を及ぼす。毎週2～3時間だけでも自分で時間をコントロールすることで、劇的な効果がある。今まで以上に意図的に時間を使うことを学べば、もっと効果的に行動できるだけでなく、自らコントロールしている感覚が強まり、ストレスが減り、自信が高まってくるはずだ。

＊12週間チャレンジの無料コミュニティに参加すれば、時間の区切り方についてもっと知ることができる　→　www.12weekyear.com/gettingstarted/

7 当事者責任
ACCOUNTABILITY AS OWNERSHIP

ビジネスや人生において「責任」は最も誤解されている概念かもしれない。たいていの人は責任と聞くと、不品行、業績不振、悪い結果と結びつけて考える。たとえば、アスリートが競技連盟の運営方針に反すると、連盟がアスリートに責任を負わせ、罰金もしくは出場停止などの処分を科される。ほとんどの人が責任など持ちたくないと思うのも当然だ。

「これ以上は自由意思による行動ができなくなった、というときにできる最後の自由意思行動は、自由を否定することだ」（ピーター・コーステンバウム／心理学者）

ビジネスでは、「責任を持たせる」という表現がよく使われる。経営者の「もっと責任を持たせるべきだ」といった発言を耳にしたことがあるだろう。私は、本気でもっと良い成績をあげたいと思っている人が、こう言うのを聞いたこともある。「もっと責任を持たせてくれる人が必要だ」

こうした発言は、責任とは人に課すことができ、また、人から課せられるべきものだという誤った考えから来ている。だが、課せられるべきなのは責任ではなく、結果のほうだ。実のところ、責任を課すことなどできない。私はこのジョークが好きだ。「赤ん坊や買い物袋を手に持たせることはできるが、責任を持たせることはできない」

責任を持つとは、結果に対する義務ではなく当事者意識であり、その人の特性や生き方、どのような状況であれ自ら行動を起こし、結果を得ようとする意欲である。『職場における自由と責任――哲学的な考察を現実世界に取り入れる（Freedom and Accountability at Work: Applying Philosophic Insight to the Real World）』という本の中で、ピーター・コーステンバウムとピーター・ブロックは責任について、このような意見を述べている。

私たちは責任に対して非常に狭い見方をしている。誰もが責任から逃れたがっていると思っている。責任は誰かから課せられるものだと思い込んでいる。誰かに責任をとらせる必要があるとなれば、そのための報奨や懲罰を考えなければならない。こうした考えは疑問の余地がないほど一般的になっているが、この考えこそが、私たちを真に望むものから遠ざけているのである。

責任の本質は、私たちひとりひとりに選択の自由があるという理解の上に成り立っている。この選択の自由が、責任の基本だ。

責任とは、常に選択の自由があるという気づきだ。つまり、人生において「しなければいけないこと」など存在しないという気づきだ。しなければいけないこととは、やりたくないのに仕方なくやることだ。だが実際には、そんなものはない。私たちは自らの行動を選択している。人から頼まれたことをやるときですら、選択権は持っている。

だが、自ら選択して行動することと、人に言われて行動することでは、かなり大きな違いがある。人から言われてしなければいけないことは重荷で、面倒で、うまくやってもギリギリ標準に届くくらいの結果しか出せない。だが、自分に選択権があると気づくと、結果は大きく変わる。自分の意思でやろうと決めたときは、自分の原動力にアクセスでき、ベストを尽くすこともでき、はるかに前向きな態度になれる。結局のところ、あなたが行動を選択し、さらには結果をも選択しているのだ。

「責任とは、結果に対する義務ではなく、当事者意識である」

私たちには、自分のまわりで物事が変化したり改善されたりすることを待つ傾向がある。景気回復や住宅市場の好転、新製品の発売、競合に勝てそうな価格設定、あるいは、もっと良い広告など、いつも受け身で待っている。

周囲の環境のせいにして被害者でいることは簡単だ。世界が変わることが自分の業績を良くするカギだと思い込み、そうなれば自分の人生がどうなるかと想像し、期待しながら時間とエネルギーを費やしていればいいだけだ。

そうしたところで、あなたにコントロールできることは何もない。コントロールできるのは、自分の思考と行動だけだ。だが、その2つだけで十分だ。もしも、あなたが望むのであれば（この「もしも」は大きな「もしも」だ）。

誤解しないでほしいのは、私たちがここで説明している責任は、決して受け身の責任ではない。むしろ、その逆だ。本当の意味での責任とは、嫌でも私たちを真実に向き合わせ、選択の自由とその先にある結果という現実を突きつけてくる。責任は大いにあなたに力を与えるが、現実と真の現状とを直視させられる。

責任をどうとらえるか、また、どの程度まで受け入れるかによって、人間関係から効果的な実行まで、あらゆる行動に影響を及ぼす。真の責任とは選択であり、選択権は自分にあると理解すれば、すべては変化する。あなたは抵抗から実践へ、制限から可能へ、平凡から優秀へと変わる。

1日の終わりに唯一残された責任は、自分への責任だけだ。あなたに責任を課すことができるのは、あなただけ。成功するためには、自分の思考、行動、結果を受け止める誠実さと勇気を培う必要がある。

8 興味とコミットメント
INTEREST VERSUS COMMITMENT

12週間チャレンジにおいて、コミットメントは強力だ（訳注：ここでのコミットメントは、公約、言質などの意）。コミットメントを守り続けられれば、結果を改善し、信頼を築き、優秀なチームを育てられる。だが、コミットメントを避ける人は多い。さらに悪いことに、事態が厳しくなってくると、そのコミットメントを破ってしまうこともよくある。本当にすばらしい自分になりたいのであれば、約束を守れるようになることが大切だ。

「コミットメントとは行動だ。言葉ではない」（ジャン＝ポール・サルトル／哲学者）

ここに、コミットメントに関するニワトリとブタの古い寓話がある。ニワトリとブタがレストランで朝食を出そうとした。ニワトリは産んだ卵を提供すればいいだけなので、さほど興味がない。一方、ブタがベーコンを提供するには、自分の身を犠牲にしなければならない。だからブタにはコミットメントが必要、というのだ。

これは面白い話ではあるが、コミットメントに対してネガティブな印象を与えている。実際には、コミットメントは双方にとってメリットがあり、関係を改善し、誠実さを養い、自信を与えてくれるものだ。コミットメントは非常に強力で、時には人生を変える力もある。

何か有意義なことをやろうとして、そのためなら何をも厭わないと決意した思い出が、あなたにもきっとあるだろう。私の最大のコミットメントは、父との約束だった。大学1年が終わった夏に交わした父との会話を、昨日のことのように覚えている。父と私は庭作業をしながら、大学1年目について話していた。その話の中ですぐにわかったのは、大学進学の目的に対する認識が、父と私とでは違っていたことだった。

話は成績のことになった。私の名前は学部長が持つリストに乗っていたが、残念ながら学部長はリストを2つ持っていて、私の名前が載っていたのは仮進級者のリストだった。父は、私の成績が良くならないかぎり授業料を払いたくないと言った。私はその恐怖から、その日、父と自分にコミットした。新学期になったら、すべての科目でAを取ると。父はそのコミットメントを達成させようと、こんな条件を加えた。もし私がすべてAを取ったら、父が私に500ドルを払い、もし取れなければ、私が父に500ドルを払う。

秋になって新学期が始まると、私は全力を尽くした。授業に出席し、ノートを取り、教科書を読み、予習をやった。友人との付き合いも1年のときより減らした。その結果、すべてでAを取ることができた。500ドルのことはとっくに頭から消えていたが、あのコミットメントが私の人生を変えた。私はようやく学部長の本当のリスト、優等生名簿に名を連ね、二度と以前のような成績は取らなくなった。

これはコミットメントの好例だ。コミットメントは個人的な誓いだ。人との誓いを守ることで信頼を築くことができ、相手との関係が良くなる。さらに、自分との誓いを守ることで人格が形成され、自己評価を高め、成功をもたらす。

「コミットメントがなければ、約束と希望しかなく、計画がない」（ピーター・ドラッカー／経営学者）

私が好きなコミットメントの定義は、「感情的、または知的に行動計画に拘束されている状態（アメリカンヘリテージ英英辞典第4版）」というものだ。つまりコミットメントとは、望む結果を得るための意識的な選択だと言える。

コミットメントを守ることは効果的な実行と良い結果の基本原則だということを、誰もが直感的に知っているが、多くの人が日常的にコミットメントを破っている。どうやら私たちは、難しい事態に直面すると、誓いを守れない理由を探し出し、別の行動に焦点を変えてしまうらしい。状況が厳しくなって興味が失せることは、よくある。興味とコミットメントは違うと理解しておくことは重要だ。何かに興味を持ったとしても、それを実行するのは状況が整っているときだけだ。だが、何かをやるとコミットしたなら言い訳は許されず、結果を出さなければならない。

いったんやるとコミットしたら、普段はやらないことでもやらなければならない。「もしやるとしたら」という仮定はなく、「どのようにやるのか」という問いしかない。コミットメントは強力だ。だが、誰しもコミットメントに悪戦苦闘することはある。

コミットメントを達成するには４つのカギがある。

- **強い欲求を見つける**——何かに完全にコミットするには、明確で魅力的な理由が必要だ。強い欲求がなければ、厳しい状態を切り抜けることが難しくなるが、説得力のある欲求があれば、一見すると克服困難だと思える障害も、単に克服すべき課題だと思えてくる。望んだ結果を得るためには、困難を乗り越え、あきらめずにやり遂げるだけの十分な動機が必要だ。
- **要となる行動を特定する**——何かを達成したいと強く望んだら、望む結果をもたらす要となる行動を特定しなければならない。現代においては、参加者より観客になる人のほうが多いが、自分が何をするかが大事なのだと心に留めておかなければいけない。努力にはたいてい目標達成に役立つ行動がいくつか含まれている。だが、特に重要なものは少ししかなく、最終的に結果を生む要となる行動はせいぜい1つか2つだ。その行動を見つけだし、的を絞ることが非常に大切だ。

- **損失を考慮する**――コミットメントは犠牲を伴う。どんな努力にも利益と損失は付き物だ。それなのに、目的達成のために乗り越えるべき損失や苦労を考えずにコミットすることは往々にしてある。損失とは時間やお金、リスク、不確実性、快適さの喪失などだ。コミットメントの前に損失を特定しておけば、その代償を払うかどうかを意識的に選択できる。実際これらの損失に直面したとき、すべて想定内であることと、目標達成のためには犠牲にする価値があると認識できることは、とても有用だ。
- **気分ではなくコミットメントに従って行動する**――あなたにもいずれ、重要な行動を起こしたくないと思うときが来るだろう。誰もが同じ経験をしている。寒い冬の朝5時30分にベッドを出てジョギングに出かけることに怖じ気づくのだ。そんなときは、気分ではなくコミットメントに従って行動することを学ぼう。これを学ばなければ自分に勢いをつけることができず、同じことの繰り返しから抜け出せなくなる。その結果、お決まりのように目標達成をあきらめてしまう。自分の気分がどうであれ必要なことをやるという姿勢を学ぶことは、成功に欠かせない重要な規律だ。

期限が長いコミットメントは、達成がより困難になる。たとえば一生かけて達成するようなコミットメントは難しい。たとえ1年であっても、守り続けることは簡単ではない。12週間チャレンジでは、一生どころか、1年のコミットメントすら必要ない。12週間でい い。12カ月にわたって守り続けるより、12週間だけ守るほうが、はるかに現実的だ。12週が経てばコミットメントの結果を評価し、また新たに始める。

コミットメントが私たちの人生を形づくる。コミットメントは健全な結婚生活をサポートし、長続きする関係を築き、成果を生み、人格形成を促す。何かをやると言ったら必ずやり遂げる。そうすれば、できなかったときの二重策を考えなくてもよくなる。

9 一瞬のすばらしさ

GREATNESS IN THE MOMENT

技術のおかげで今や世界は小さくなっている。加えて速度も増している。人生はどんどん忙しくなり、スピードは増すばかりだ。

だが、誤解しないでほしい。技術はすばらしい。私の携帯電話は、1988年に6000ドルで購入したノートパソコンよりはるかに処理能力が高く、多用な使い道がある。ただし、1日のうちに休息する時間がほとんどない。以前なら、通勤時の車の中で自分だけの時間を持つことができたが、今ではその間も、多くの人は携帯電話を使っている。すきま時間というものがなくなったのだ。だが、私たちにはリラックスする時間が必要だ。

このような慌ただしい現代においては、マルチタスキング（並行処理能力）は非常に価値のあるスキルになっている。だが忙しさの裏にあるのは、1日を最大限に活用するにはスケジュールをびっしり詰め込み、懸命に取り組み、常に走り続けていなければならない、という信念だ。

また、何か良いものを逃してしまうかもしれないという不安から、会議やイベントに次々と参加し、その合い間に電話をかけようとする。私は会議中も常にメールやメッセージをチェックしている。なぜなら、何も逃したくないからだ。メールでは同時に2つ、3つの要件をやりとりしている。自分もそうだと認める人は少なくても、周りを見渡してみれば、ほとんどの人が同じことをしているはずだ。

だが実のところ、何も逃したくないという努力もむなしく、すべてを逃している。私たちの意識はさまざまな話題や会話に分散し、そのどれにも関心を向けようとするあまり、自分のことには意識が向いていないのだ。そのせいでストレスを感じ、消耗し、へとへとになり、いらいらして、支離滅裂になる。そうしたやり方では、重要なプロジェクトや重要な会話、重要な人のどれにも関心を向けられず、平凡な結果しか残せない。

私たちはあまりにも駆け足で生きていて、人生を逃している。肉体はここにあるのに、心は別の場所にある。だが、最も良い効果をあげられるのは、肉体と心が同じ場所にあるときであり、今この瞬間に心を向けている状態だ。アスリートはこれを「ゾーンに入る」と呼ぶ。この状態になれば、思考が明晰になって集中でき、決断が容易になる。その結果、それほどがんばらなくてもタスクを完了できる。今この瞬間に意識を向ければ、優雅に、たやすく、人生を歩むことができるのだ。しっかりと今につながれば、人生はさらに楽しくなる。

「未来のすばらしいところは、一度に1日ずつしか訪れないことだ」（エイブラハム・リンカーン／第16代アメリカ合衆国大統領）

私たちは、過去も未来の行動も変えることはできない。今この瞬間、永遠に続く一瞬一瞬がすべてだ。今この瞬間が、あなたの残りの人生に起きることを左右する。未来は今作られていて、夢はこの時点で達成されているのだ。

妻のジュディと私は癌を克服している。もしあなたや家族の誰かが癌を患ったことがあれば、今この瞬間に感謝できることが体験上わかっているだろう。実際、人生はこの瞬間に起こり、人生はこの瞬間に存在し、すばらしいことはこの瞬間に作られている。

一瞬の行動

世界中の多くの人と同じく、私は数年ごとにオリンピック中継にチャンネルを合わせ、

9
一瞬のすばらしさ

アスリートたちのすばらしいパフォーマンスを見るが、数年前にある競技を見ていたとき、ふとこんな考えが私の頭をよぎった。チャンピオンはいつ一流になるのだろうか？　明快な答えは、金メダルを獲得するなど、ハイレベルなパフォーマンスをしたときだろう。だがさらに深く考えた結果、結果を達成したときではないとわかった。それよりもずっと前、やるべきだとわかっていることをやろうと選択したときに、彼らは一流になるのだ。

アスリートが一流になるのは、世界記録を破ったり、メダルを獲得したりしたときではない。それがきっかけで世間がそのアスリートを知ることにはなるが、実際には、それらはアスリートが一流であることを示す証拠でしかない。アスリートは何カ月も、もしかすると何年も前に、すでに一流になっているのだ。あともう少し走ろう、あともう少し泳ごう、あともう1回ジャンプしようと決めたときに。

マイケル・フェルプスが一流になったのは、18個目のメダルを獲得したときでも、最初のメダルを獲得したときでもない。勝つために必要なことをやろうと決めたときに一流になった。彼が一流になったのは、トレーニングを行い、努力をするという選択をした瞬間だ。そして、ジムやプールで何時間も過ごす、食べたいものではなく体にいいものを食べる、精神力を鍛えるという選択をしてきた。金メダルは彼の偉大さを証明しているに過ぎない。実はマイケル・フェルプスは、何年も前に一流になっていたのだ。

結果とは一流になったときの到達点ではなく、単に一流かどうかを確認するためのものだ。結果が出るよりずっと前に一流になっているのだ。それはすぐに起きる。あなたが一流になるために必要なことをやると選択した、その瞬間に。

「良い未来を楽しみたいなら、今を一瞬たりとも無駄にしてはならない」（ロジャー・ウォード・バブソン／起業家）

何より奥深いのは、1日あるいは1週間という単位で見れば一流と平凡との違いはわずかでしかないが、その先の結果はかなり大きく違ってくる、という事実だ。たとえば一流の営業マンと平凡な営業マンなら、1週間で2～3件のアポイントメント数の違い、1日で5～10本の電話件数の違い、週45時間の勤務時間のうち3時間を自分の時間に割り当てるかどうかの違いだ。マネジャーやリーダーであれば、毎日誰かのすばらしい仕事ぶりに気づくかどうか。自分がやる代わりに誰かに仕事を任せ、毎週3時間は戦略的な優先事項に時間をかけ、必死にがんばっている者には称賛や励ましの言葉をかけるかどうかだ。日々の違いは微々たるものに思えるかもしれないが、長期的に見ればかなりの差が生じる。

私たちひとりひとりには、神から授けられたすばらしい能力がある。チャンピオンになるには、気分が乗らないときでも、いや、気分が乗らないときにこそ、もう少しがんばろうと自分を律する必要がある。

うれしいことに、過去や現在の状態がどうであれ、私たちは一流になることができる。今日から始めればいいのだ。やる必要があると思うことをやると決めるのだ。本当に、それ以上に複雑なことは何もない。結局のところ、今一流になるか、ずっとならないか、その2択でしかない。

本書の前書きで、2つの人生について書いた。今生きている人生と、実現可能な人生だ。どんなことであれ、実現可能な人生以下で妥協してはならない。一流になれるよう日々コミットメントを貫き、12週というわずかな期間で何が起こるか体感しよう。

10 バランスを崩す
INTENTIONAL IMBALANCE

12週間チャレンジはパワフルで、人生を変える力がある。本書で紹介する多くの事例は、あなたの仕事に12週間チャレンジを適用できるように書かれているが、人生のどんなことにでも同じように適用できる。

ほとんどの人が直面するのが、いかにして時間とエネルギーをバランスよく割り当てるか、という課題だ。仕事と家庭、社会奉仕と娯楽、運動とリラックス、個人的な情熱と義務。ひとつのことに過度の時間とエネルギーを費やすと、結局のところ疲れきって、達成感を得られない。ついにはエネルギーが枯渇し、楽しみが奪われ、人生の目的を見失ったように感じてしまう。多くの人が人生のバランスを取り戻す方法を模索しているのも、不思議ではない。

「ワーク・ライフ・バランスは、現代人が直面している最も重要な戦いであることは間違いない」（スティーブン・コヴィー／経営コンサルタント）

文字どおり考えると、「ライフ・バランス」という言い方はおかしい。ライフ・バランスのゴールは時間とエネルギーを均等に割り当てることだと考えるのは自然なことだが、実際には現実的でなく、必ずしもそれで望む人生を得られるとは限らない。あらゆることに時間を均等に費やすことは非生産的で、いらいらさせられる。ライフ・バランスとは均等に時間を割り当てることではなく、意図的にバランスを崩すことだ。

ライフ・バランスは、あなたが目的をもって、どのように、どの部分に、時間とエネルギーと努力を注ぎ込むかを決めることで達成できる。その時々で、ひとつのことに集中すると決める。それがちゃんと意図したものであれば、まったく問題ない。人生にはさまざまな季節があり、それぞれに課題と祝福があるのだ。

「ワーク・ライフ・バランスなどというものは存在しない。あるのは、ワーク・ライフ・チョイスだ。選択するのはあなたであり、選択は結果をもたらす」（ジャック・ウェルチ／実業家）

意図的にバランスを崩した人生を送るなら、12週間チャレンジは非常に役立つ方法だ。私たちのクライアントの多くが、12週間チャレンジを使って重要な領域に的を絞り、新たな地盤を手に入れている。もし12週ごとにあなたが的を絞った領域がめざましく改善されたら、どうだろうか？

たとえば、健康とフィットネスについて考えてみよう。もし次の12週間でこの分野を改善するとコミットしたら、何をするべきだろうか？　ひとつのシナリオとしては、12週間後の目標を決めて、計画を立てることになる。このシナリオでは、12週のうち毎週、毎日行うタスクをいくつか決定する。たとえば、計画にはこんなタスクが含まれる。

- 週に3回、20分の有酸素運動を行う
- 週に3回、筋力トレーニングを行う
- 1日に最低6杯の水を飲む
- 1日の摂取カロリーを1200キロカロリー以内に抑える

別のシナリオでは、12週間のゴールを決めるのは同じだが、タスクを考えるのではなく、要となるひとつの行動を特定し、それを12週間で終えるとコミットする。場合によってはしっかりとした計画を立てることがベストだが、要となる行動にコミットするほうが効率的なこともある。

あなたの人間関係はどうだろうか？　パートナーや大切な人、家族、親しい友人との関係は？　12週間チャレンジを使えば、さらに良い関係を築いたり、パートナーとのロマンスや親密さを増やしたりできる。もし12週間で関係をさらに良くするとコミットしたら、関係はどう変化するだろうか？　これはとても簡単なことで、12週間、週1回のデートや家族と過ごせる夜の時間を必ず作るというコミットメントをすればいいだけだ。特定の行動にコミットして、たった12週間で達成できるとは、本当に驚くべきことだ。

他の領域、たとえば精神面や財政面、感情面、知性、社会生活などはどうだろうか？　そろそろ借金から抜け出すときかもしれないし、ずっと棚上げにしていた資格取得を目指すときかもしれない。もしかすると本を書こうとか、基金を立ち上げようとか、新しい言語を学ぼうと考えているかもしれない。こうした目標を12週間で完璧に達成することはできないかもしれないが、大きく前進することは間違いない。大きな目標を12週ごとに区切ることで、継続的に進歩できるだけでなく、進歩の過程を祝うこともできる。実際に前進していれば、満足感と充足感が増し、終わりまでやり遂げようというモチベーションを維持できる。

何に重点を置くかを決めるためには、まずビジョン作りからスタートし、次に7つの領域（精神面、パートナー、家族、社会、健康、プライベート、仕事）を評価する。私が好きなのは、それぞれの満足度を1～10の数値で表す方法だ。10が非常に満足している状態で、私の定義で言えば「最高」となる。反対に1は、同じく私の定義で言うと「最悪」だ。たとえば、もしあなたが独身でその状態に満足しているのであれば、その領域は10になる。

評価する領域は、あなたのエネルギー源になっているか、反対にエネルギーが奪われているかのどちらかだ。たとえば、もし仕事がストレスだらけで、先が読めずにむなしさを感じているとしたら、それは必ずプライベートにも影響を及ぼす。だが、もし高収入を得られて、楽しく仕事ができていたら、エネルギーと勢いが生まれ、他の領域にも良い影響を及ぼす。

12週間チャレンジには収入と物質的な豊かさを2倍、3倍、いや4倍にも増やす力がある。また、仕事以外にあなたが選んだ他の領域でも、同じように大幅に現状を改善する力を持っている。12週間チャレンジを人生のすべての領域で活用し、これから起きるすばらしいことを受け入れよう。

がんばろう！

II

実践！
12週間チャレンジ

PUTTING IT ALL TOGETHER

一貫して実行し続けるために必要な情報を、
10 年以上にわたる実績をもとに、さらに詳細に伝授。
12 週間チャレンジで実績のあるツールや
テンプレート、ヒントを効果的に活用し、
あなたの目標達成に役立てよう。

「今から 1 年後、あなたはきっと
1 年前の今日から始めていれば良かったと思うだろう」

11 実行システム THE EXECUTION SYSTEM

12週間チャレンジは、最も重要なことを明確にしてそれに焦点を合わせ、すぐに行動を起こすための緊迫感を作り出すことによって、日々最大限に能力を発揮することに役立つ実行システムだ。このシステムを使えば、重要なことを毎日どんどん片付けていける。数日や数週間ではたいしたことはないかもしれないが、何日も、あるいは何週間も積み重ねていけば、その結果は、利子に利子がついたようなものになり、12週間後にはプライベートでも仕事でも、これまでとはまったく違ったあなたになっているはずだ。

ここまでを読んで気づいているかもしれないが、12週間チャレンジには、12週間を1年として再構築する以外にも、基本的な要素がいくつかある。最大限の能力を発揮するために必要な要素は、8つ。それは次のものだ。

- ビジョン
- 計画
- プロセス管理
- 評価
- 時間の使い方
- 責任
- コミットメント
- 今を生きる

本書では、これら8つの要素を、「3つの原則」と「5つの規律」に分ける。こうすることで、全体的なシステムを理解しやすくなり、継続して活用することも容易になる。ほとんどの人はこれらの意味は知っているが、知っていることと実行することはまったく別物だ。そのことに注意しなければならない。プライベートでも仕事でも、これらの原則と規律を効果的に活用すれば、自分が達成できることと、そのスピードに驚くはずだ。

3つの原則

12週間チャレンジにおける3つの原則は、個人の目標達成と成功を決定づける土台を作るための思考だ。

- 責任
- コミットメント
- 今を生きる

それぞれ詳しく見ていこう。

- **責任**――責任とは、いわば当事者意識である。どんな状況であれ、責任を持つということはその人の特性であり、生き方であり、行動や結果を自分のものにしようとする意欲だ。責任の本質は、私たちひとりひとりに選択の自由があるという理解の上に成り立っている。責任の基本は、選択の自由なのだ。責任に対する究極の目標は、絶えず自分にこう問い続けること。「結果を出すためにもっと何かできないだろうか？」

・**コミットメント**――コミットメントとは誓いである。他者との誓いを守れば強い信頼関係を築くことができ、自分との誓いを守れば、人格が形成され、自尊心と成功がもたらされる。コミットメントと責任はある意味、同じものとも言える。コミットメントは未来に投影された約束であり、未来の行動や結果を自分のものにすることだ。コミットメントの力を鍛えることで、プライベートでも仕事でも、結果にすばらしい影響を及ぼす。12週間チャレンジを使えば、重要なコミットメントをやり遂げる能力が身につき、あらゆる領域で飛躍的な成果を生むことになる。

・**今を生きる**――9章でも書いたとおり、人が一流になるのは良い結果が出たときではなく、それよりもずっと前、一流になるために必要なことをやろうと決意したときだ。結果とは、一流になったときの到達点ではなく、単に一流であることの証明でしかない。結果が出るよりも先に一流になっているのだ。それは一瞬にして起こる。あなたが一流になるために必要なことをしようと決めた瞬間、そして、それをやり続けるという選択をした瞬間に。

この3つが、プライベートや仕事での成功の基礎となる原則だ。

5つの規律

12週間チャレンジでは、思考と行動の両側面に取り組むことになる。行動面では、効果的な実行に必要な5つの規律の能力を築くことに焦点を当てる。アスリートであれ、ビジネスマンであれ、一流の人が他者よりすぐれているのは思考ではなく、実行するための規律だ。その規律とは次の5つだ。

- ビジョン
- 計画
- プロセス管理
- 評価
- 時間の使い方

12週間チャレンジは知識とスキルを活用し、また一貫した行動力を培うことで、これらの規律を使いこなすことに役立つ。

- **ビジョン**――魅力的なビジョンがあれば、未来をはっきりと見通せるようになる。仕事のビジョンが個人のビジョンと一致し、さらに、個人のビジョンを達成させてくれるようなものであることは非常に重要だ。この一致によって、感情との強いつながりが生まれ、継続したコミットメントを促す一貫した行動をとれるようになる。
- **計画**――望ましい結果を生む計画は、ビジョン達成に必要とされる優先的な取り組みと行動を明確にし、それらに焦点を当てる。良い計画とは、効果的な実行が容易にできるよう組み立てられている。
- **プロセス管理**――プロセス管理には、計画した重要な行動を予定どおり行うためのツールやイベントが含まれる。これらのツールやイベントを活用することで、戦略やお金を生み出す活動により多くの時間を費やせるようになる。
- **評価**――評価は行動を促進し、現実への錨となる。効果的に評価するには、情報に基づく意志決定に必要な広範なフィードバックが得られるように、実行値と目標値の両方を組み合わせることだ。
- **時間の使い方**――どんなことも時の流れの中で起こる。時間をコントロールできなければ、結果をコントロールすることはできない。明確な意図を持って時間を使うことが絶対に欠かせない。

これら5つの規律の相互関係をよく理解することが重要だ。

もし明確で魅力的なビジョンがなければ、他の4つの規律は意味がない。なぜなら、意図的に人生を歩んでいるのではなく、偶然のなすがままに生きていることになるからだ。もしビジョンがあったとしても計画がなければ、空想を抱いているにすぎない。ビジョンと焦点の定まった計画があったとしても、プロセス管理ができていなければ、ストレスが溜まる。なぜなら実行して成果が出るときもあれば、出ないときもあるからだ。

もし他の規律があっても、結果を評価する勇気がなければ、何が良くて何が駄目なのかを知る方法がない。そうなると、成功を加速させてくれる勝負の時間を調整する方法がなくなる。そして、もしすべての規律をうまく適用しても、イエスやノーと言うべき場面を意図的に選択しなければ、あなたは1日に振り回されていることになる。

変化の感情サイクル

12週間チャレンジを活用すると、変化は避けられない。変化とは落ち着かないものだが、それに直面したときの感情の波を知れば、不快感から生じる挫折を防ぐことができる。

生活を変えようと決意すると、必ず感情の浮き沈みを体験する。心理学者のドン・ケリ

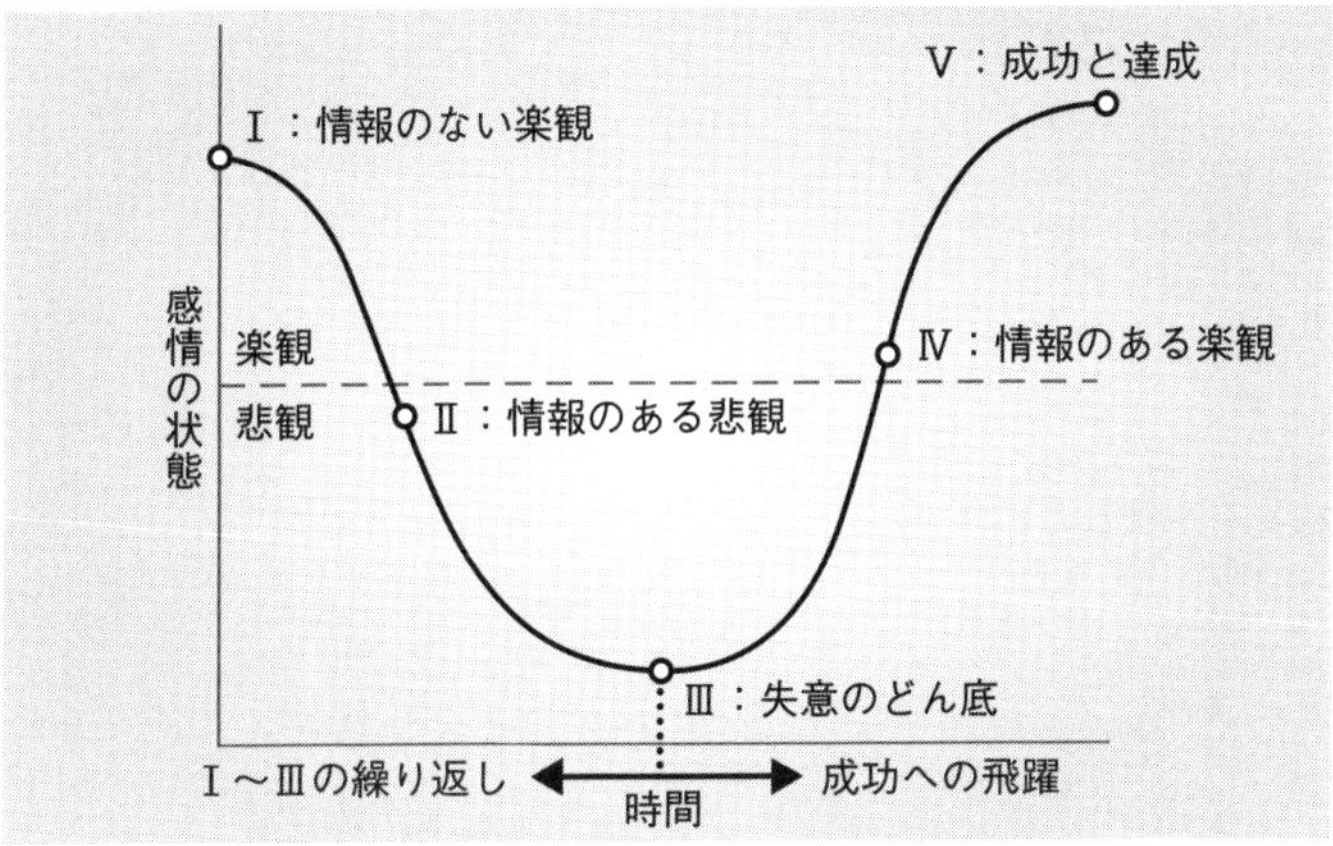

ーとダリル・コナーは、この現象を「変化の感情サイクル」としてグラフで説明している。これには感情の5つの段階があるが、本書では私たちの経験をもとに少し手を加えた。生活を変えようと自分で決めたか否かにかかわらず、誰もが変化に際して、この感情の波を体験する。新たな関係が始まったとき、新しいものを買ったとき、新しい仕事を始めたとき、新居に引っ越したとき、常に同じサイクルが訪れる。

波の高低や長短がもっと極端になることもあるが、どんな場合でも、変化を起こそうとすれば、この感情のサイクルを体験する。それは、次の5段階だ。

- Ⅰ　情報のない楽観
- Ⅱ　情報のある悲観
- Ⅲ　失意のどん底

・Ⅳ　情報のある楽観
・Ⅴ　成功と達成

変化の最初の段階は、すばらしい未来を想像し、損失を経験していないので、最も胸を躍らせる時期だ。そのときの感情の状態は「情報のない楽観」で、グラフではポジティブな領域に入っている。変化によって受け取る恩恵はすべて見通せるが、都合の悪い部分は見えないため、この時期は楽しい。ひとつ上のレベルの望む結果を得るためにはどうしたらいいかと、アイデアと策を練っている時期だ。

だが残念ながら、この時期はそう長続きはしない。現実的に何が必要かを知るにつれ、ポジティブな感情は一気に下降する。次の段階は「情報のある悲観」で、ここからネガティブな領域へと入っていく。この時期、変化の恩恵は現実的でもなければ重要でもなく、すぐに起こることでもない。それより、損失のほうがはっきりと見える。その変化が本当に努力に値するのかと疑い始め、努力をしなくてすむ理由を探し始める。もしその理由が決定的なものでなければ、事態はさらに悪化する。

3番目の段階を「失意のどん底」と呼ぶ。ほとんどの人があきらめる時期だ。変化に伴うあらゆる痛みを感じ、成功はほど遠く、重要性も失われたように感じる。この不快感を終わらせる迅速で簡単な方法がある。それは、以前の慣れたやり方に戻ることだ。そして結局、これまでだってそれほど悪くなかったじゃないか、と結論づける。

もしこの「失意のどん底」であきらめたら、最初の「情報のない楽観」に戻る。すると、どん底よりもはるかに楽しい！

魅力的なビジョンが必要となるのは、まさにこの「失意のどん底」だ。たいていの人は、どんな代償を払ってでも、どんな障害を乗り越えてでも、どうしても手に入れたいと思ったことがある。それは初めての車かもしれないし、ずっと夢に見ていた大学への入学かもしれないし、結婚したい相手かもしれないし、あこがれの仕事かもしれない。それが何であれ、自分の快適さと引き換えにしてもいいほど欲しいと思ったはずだ。ビジョン達成のために何かを情熱的に求めることは、実行をコントロールするツールや出来事とコミットメントとをつなぎ合わせ、どん底から次の段階に上がるきっかけになる。

そして4番目は「情報のある楽観」だ。この段階に来ると、成功の可能性はぐっと高くなる。再びポジティブなエリアに突入だ。あなたの行動の恩恵が実を結び始めており、変化に伴う損失は軽減されている。というのも、新しい考えと行動が習慣になり始めているからだ。この時期のカギは、止まらないこと！

「成功と達成」が、変化の感情サイクルの最終段階だ。この段階になると、新たな行動の恩恵を完全に享受でき、変化に伴う損失は事実上なくなっている。最初は難しくて不快だった行動が、今では日常になっている。このサイクルを完了するごとに、能力が拡大するだけでなく、自信がついていく。より大きく成功するために次の変化を起こせるようにもなる。

変化の感情サイクルは、変化によって感情がどのような影響を受けるかを表している。このサイクルに気づけば、ネガティブな感情に引っ張られることなく、変化によりうまく対応できるようになる。

完結したシステム

12週間チャレンジは、成功に必要なものがすべて詰まった完結した目標達成システムだ。私たちの2日間のワークショップでは、参加者に、すばらしい自分になるために必要なものをすべて挙げてもらい、それらを残らずチャートに書いてもらう。通常は20個ほどで、大きな紙1、2枚になる。その後、各項目をひとつずつ検討しながら、それぞれに原則と規律を当てはめて考える。このようにして12週間チャレンジのシステムを完全に取り入れれば、あなたは自然と向上する。

ただし、これをシステムとして完全に取り入れない人もいる。いくつかの要素は取り入れるが、他の要素は取り入れないという人もいる。どんなシステムでもそうだが、部分的に取り入れるよりも全体を取り入れたほうが、その効果はぐっと高くなる。原則や規律をひとつでも取り入れて活用すれば、何らかの成果はあるが、本当にブレイクスルーが起きるのは、すべてを取り入れたときだ。そうすれば、12週間チャレンジは自己修正システムとしても機能し、実行した結果から問題を特定して即座に対処できるようになる。12週間チャレンジは継続的に向上できるように設計された、意図を訓練するシステムなのだ。

12週間チャレンジは完結したシステムであるだけでなく、変化も促す。これを日常の行動指針として取り入れれば、その後の変化が楽になる。コンピュータを例に考えてみよう。お金をかけて最高のソフトウェアを手に入れても、OSがうまく作動しなければ、そのプログラムには何の価値もない。ファイルが開かない、印刷ができない、フリーズするなど、誰もが経験していることだ。12週間チャレンジをあなたのOSとしてインストールすれば、他のビジネス向けシステムでも活用できる。

たとえば、ほとんどの企業はマーケティングや販売、製品、サービス、技術、その他のシステムを持っている。だが、実行するためのシステムがなければ、人は既存のシステムに頼る傾向がある。特に変化に直面しているときは、既存のシステムはなじみ深く、予測可能でもある。12週間チャレンジをOSとすれば、他のあらゆるシステムもサポートしているため、変化が訪れたときの大混乱を経験しなくなる。その代わり、周辺機器を接続するかのように、簡単に新しいシステムを組み込むことが可能になる。

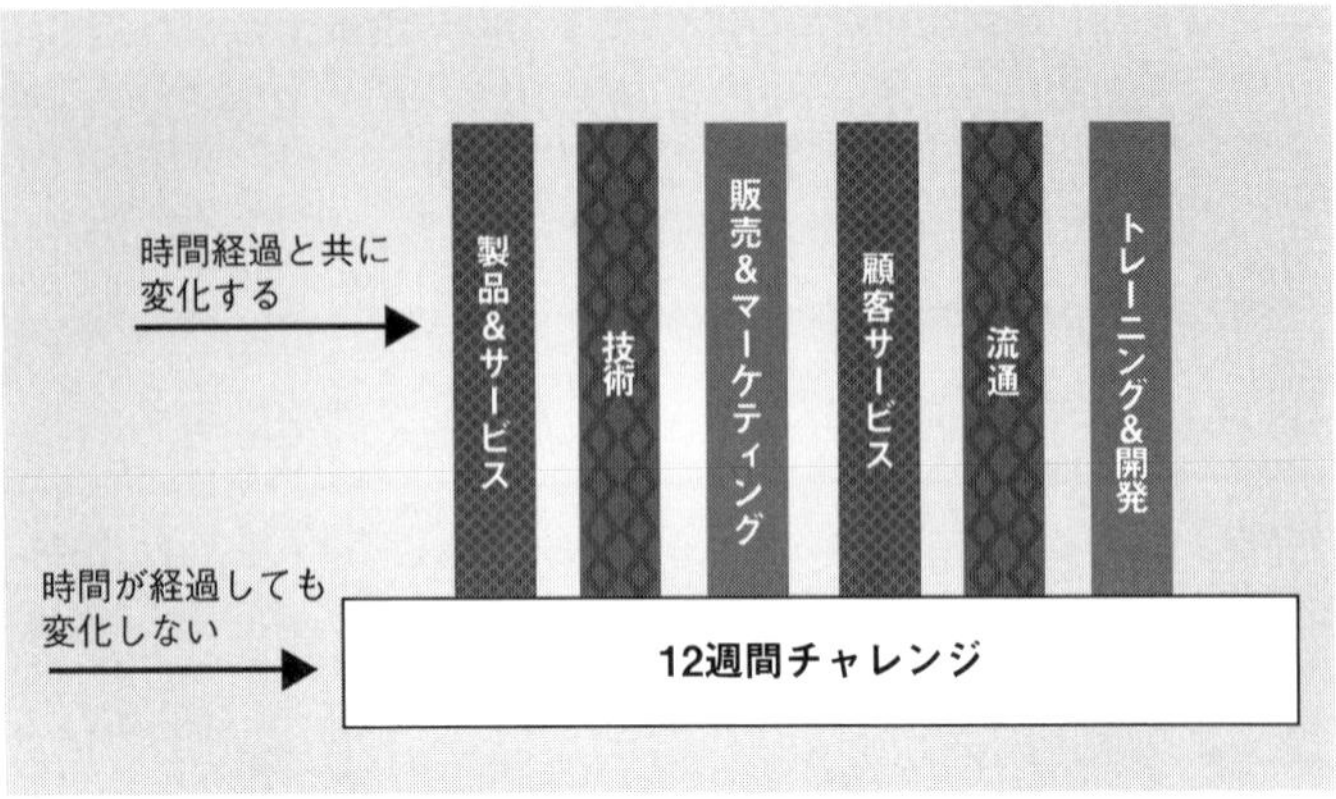

人間には安定が必要だ。そのため変化のときでも、いくつかは現状のまま残しておくべきだ。この12週間チャレンジは、ずっと変わらず使用できるＯＳだ。企業戦略を実行し、変化には付き物の混乱を引き起こさずに成果を変えることができる、一貫したプラットフォームだ。個人にとっては、日々変わらない基盤として機能する。12週間チャレンジはＴＯＤＯリストに追加するものではなく、どのようにやるかという仕組みそのものなのだ。

この先の章では、12週間チャレンジの原則と規律を具体的に見ていくことにしよう。12カ月で達成できることよりも多くのことを12週間で達成するための基礎となる要素だ。これらを効果的に活用するためのさらにすばらしい洞察を、ツール、エクササイズとともに紹介する。

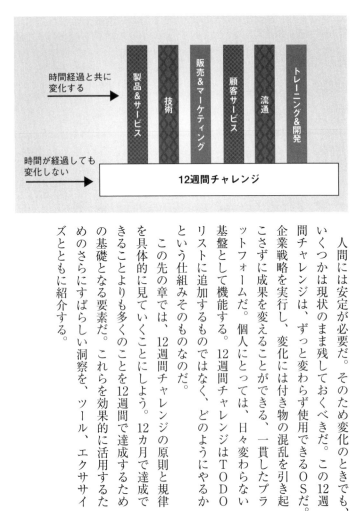

12 ビジョンを作る
ESTABLISH YOUR VISION

12週間チャレンジでブレイクスルーを生み出すためにまずやるべきことは、すばらしいビジョンを作ることだ。これは楽しくて刺激的な作業になる。ビジョンはとても重要だ。なぜなら、時には計画したことを実行したくない日もあるが、それでもまた計画に戻るには、なぜやるのかという強力な理由が必要だからだ。それが、ビジョンである。

長年の友人でクライアントでもあるサル・ダーソーは、ビジョンの力について、こんな見解を持っている。

私たちは会社で数年前から「12週間チャレンジ」の規律を活用しており、すでに習性として身についている。12週間チャレンジは物事を完了させるための方法であり、障害があっても道を逸れずに目標達成に向かうための方法だ。

実はつい最近、大きな損失があった。何人かの顧問が会社を辞め、同時に、顧客と売上を持っていったのだ。ご想像のとおり、これは会社にとって大変な試練となり、私は個人的にもビジネス的にも大打撃を受けた。辞めたメンバーとは仕事上の付き合いだけでなく長年の友人でもあったため、残された私たち全員の喪失感は相当なものだった。「犠牲者」という名の眼鏡をかけて、辞めたメンバーに責任のすべてをなすりつけ、自分を正当化することもできただろう。正直に言うと、少なくとも2、3日は「なぜ私が？」と思っていた。だが最終的には、長く生き残る会社を築くという私の望みとビジョンが勝った。

私が待ちに待ったアラスカ旅行へ出かけたのは、ちょうどその頃だった。アラスカにいる間、私は意識的に思考を変え、私の人生をこれほどすばらしくしてくれたものに思いを巡らせた。私を愛してくれる神との関係、誰もが誇らしく思うような妻と家族、わずかな人しか体験できないすばらしい節目（50年にわたる好調な事業！）に近づいている仕事。

この旅行中、私たちはケニコット川を筏で下るというすばらしい体験をした。美しい景色のなか川を進んで行き、曲りくねった先にあったのは、海のように一面に咲き誇る美しい紫色の花だった。見渡すかぎりはるか遠くの山腹まで咲き乱れている。ガイドが、その花は「ヤナギラン」だと教えてくれた。ほんの2、3年前まで、ここは森林火災の焼け跡でしかなかったそうだ。あたり一面が紫色で覆われたのは、森林が再生していることを示す最初の兆候だ。私はすっかり畏敬の念に満たされ、希望と、新たに生まれる森への期待とで心がいっぱいになった。どうやら自然でさえ、未来につながるビジョンの作り方を知っているようだ。

それで私はふと気づいたのだ。損失という焼け跡をいつまでも考えていないで、事業を再生する新たな兆候に目を向けるべきだと。組織のリーダーとしてははっきりとわかっていたことは、事業に必要なのはメンバーとビジョンを共有することであり、そのビジョンを設定するのは私の役割だということだ。

気分も新たに意気揚々と会社に戻った私は、その後の数週間はずっとチームのメンバーと話をし、この組織の特別なところは何だと思うか、また未来をどう考えているかといったことを尋ねた。この話し合いと長時間の熟考は、ビジョン作りに役立った。1年後のヤナギランが咲き誇る大地のビジョン、それは会社にとって導きの光だ。

私たちの森林火災から1年後、ヤナギランが姿を見せ始め、今や、これまで以上に私たちを強くしてくれる若木が育っている。チームも、顧問も、スタッフも、1年前のあの出来事のおかげで、会社は以前より良くなったと言っている。リーダーとして私にわかるのは、全員がコミットしたビジョンは、今後の組織を形成する変化を起こす要因だということ。真の成功とは、同じビジョンを共有した人が、共通の目標のために共に働いたときに起こるものなのだ。これからも火災は起こるかもしれない。だが、ビジョンと信念があれば生き残れるだろう。

サルはビジョンが変化と進歩を作り出す様子を目の当たりにし、行動を起こした。ビジョンは、焼け跡の中でもポジティブな行動を起こすための原動力となる感情を引き出すが、多くの人はその可能性を見逃している。あなたはサルのように焼け跡にたたずんでいるだろうか？　あるいは万事順調で、さらなる高みを目指しているだろうか？　どちらの状態であっても、魅力的なビジョンはあなたを前進させる大きな力だ。

最も強力なビジョンでは、個人的な望みと仕事上の夢とが合致している。仕事のビジョンは資金源となり、個人のビジョンを達成しやすくしてくれる。変化に伴う不快感をビジョンの力で切り抜けるためには、人生で望むものを明確にする必要がある。ほとんどの人は主に仕事やキャリアに重点を置くが、仕事は人生の一部でしかなく、仕事をやる気にさせる力を与えてくれるのは人生のビジョンだ。

最高のビジョンとは大きなビジョンだ。最初に大きなビジョンがなければ、偉大なことは何ひとつ達成されない。医療から技術、宇宙開発、インターネットまで、人類の偉大な業績はすべて最初にビジョンがあり、その後、実現した。あなたの偉大な実績にも、まずは大きなビジョンが必要だ。ぜひ大きな夢を描き、自分自身の真のすばらしさを想像してほしい。ビジョンは、少々不快だと感じるくらい大きいほうがいい。

不可能、可能、計画、既成事実

残念ながら私たちは、現状よりはるかにすばらしい未来を思い描くと、実現は不可能だと考え始める。成功した人を見ても、自分には到底無理だと考えるのだ。

過去の実績をはるかに上回る成果を目指したとき、たいていの人はすぐにこんな質問が頭に浮かぶ。「どうやったらできるのか?」。これはプロセスが始まったばかりの質問としてはふさわしくない。やり方がわからないのは当然で、もしわかっていたら、すでに実行して今ごろは違う人生を歩んでいるだろう。方法がわからないという事実は、(少なくとも自分には)無理だという認識を生み出し、不可能だという確固たる前提で新たな目標を考えさせる。

何かを成し遂げる能力は、この思考に大きく影響される。何が問題なのかと言えば、自分が不可能だと思えば絶対に達成できなくなる、ということだ。ヘンリー・フォードはこう言っている。「できると思うにせよ、できないと思うにせよ、あなたは正しい」。そのため、最大の夢を叶える最初のステップは、「できない」という思考から「できる」という思考に切り換えることだ。「どうやって？」と考えるのではなく、「もしできるとしたら？」と考えるのだ。

あなたやあなたの家族、友人、チーム、顧客、コミュニティにとって、何が変わるだろうか？「もしできるとしたら？」と考えることは、その可能性を楽しみ、恩恵を受け取る許可を自分に与えることになる。そうすれば願望が強くなり、未来のドアがわずかに開く。だが、それで十分だ。ほんの少しドアが開くだけでも、自動的に「できない」から「できる」の思考へと変わっていく。

いったんビジョンは達成可能だと思えてきたら、次のレベル「計画」へと移行する。ここで先ほどの質問をする。「どうやって？」は悪い質問ではない。実は非常に良い質問だが、タイミングが肝心だ。早い段階でこの質問をすると、すべての過程をシャットダウンしてしまう。だがビジョンの可能性が見えてきた段階なら、とても重要な質問になる。「もしできるとしたら？」がビジョン段階の質問だとすると、「どうやって？」は計画段階の質問だ。

効果的なビジョンを作るために必要な最後の思考は「既成事実」だ。この思考へのシフトは、計画されたことを実行すれば自然と発生する。ここでは疑いがなくなったパワフルな状態となり、精神的にはすでに最終結果に行き着いている。結果が現れ始めると、思考

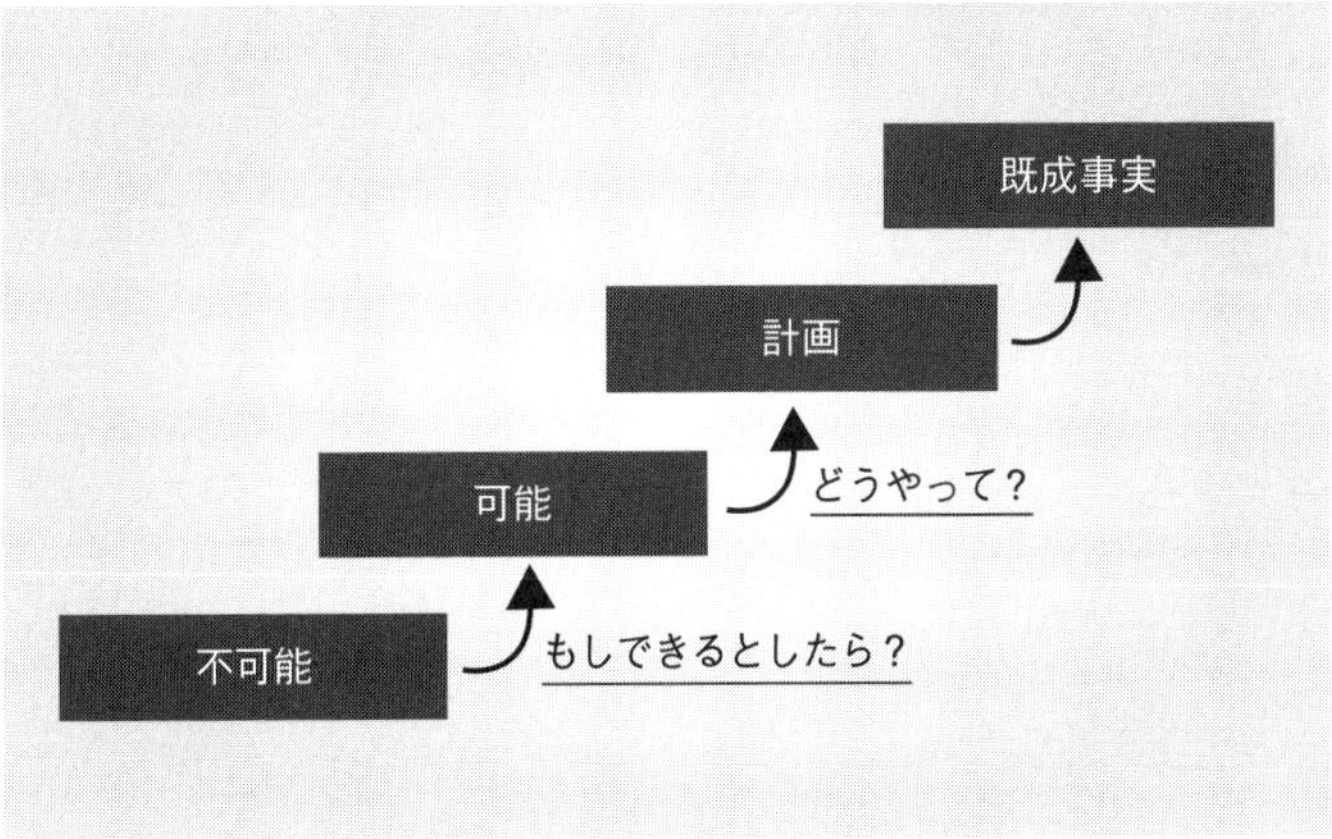

はほぼ自動的にこの「既成事実」の状態になる。

ビジョンを作る

最高のビジョンはプライベートと仕事のバランスがとれている。通常、情熱はプライベートなビジョンからもたらされ、変化に伴う痛みと「失意のどん底」を切り抜けるエネルギー源となる。ブレイクスルーを起こし、次のレベルに進むには、「失意のどん底」で味わう恐怖や不確実性、不快感を乗り越えなければならない。個人的なビジョンがあれば、そのような困難な状態でもあきらめずにいられる。

またビジョンは、困難の克服と実行に役立つ感情的なつながりと、未来への見通しをもたらしてくれる。タスクがあまりにも困難で不快なときは、ビジョンを思い出そう。この感情的なつながりこ

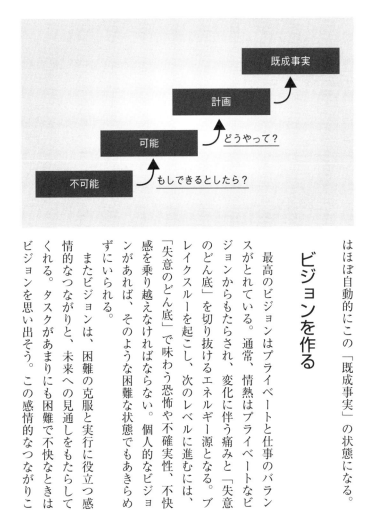

そが、困難に直面してもひたむきに前進する精神的な強さを与えてくれ、夢や望みを叶えることに役立つのだ。

ビジョン作りでは次の３つの未来を考える。

- 長期的な願望
- 中間目標、３年くらい先の未来
- 12週ごとの未来（次章を参照）

長期的なビジョン

ビジョンを考えるには、想像力を広げて、日常では見落とされがちなこと、たとえば注意を向けるほどの緊急性がない、実行が難しい、斬新的すぎて検討にも及ばず、ましてや続行させることなどできない、といったことも可能性があるものとして受け入れる必要がある。これから数分間、あなたが欲しいもの、やりたいこと、理想の姿を、すべて考えてみよう。肉体、精神、感情、人間関係、家計、仕事、プライベートで最も大切なものは何だろうか？　自由な時間はどれくらい欲しいだろうか？　望む収入は？　思いつくものをすべて残らず紙いっぱいに書き出そう。

それが済んだら、感情的なつながりのある項目を取り出し、5年後、10年後、15年後のビジョンを作る。思い切って大胆に考えることが重要だ。ビジョンはあなたにやる気を起こさせ、目的を果たしてくれる。正しい答えも間違った答えもない。これが、あなたが心から望む人生なのだ。

3年後のビジョン

人生の可能性について考えられたところで、さらに詳細を詰めていこう。長期的なビジョンの達成に向けて、3年後に成し遂げていたいことは何だろうか？　今から3年後のプライベートと仕事のすばらしい人生を、できるだけ具体的に書き出そう。この段階で具体的であればあるほど、12週間の目標と計画を立てやすくなる。

思考の転換

ビジョンとは本来は思考の訓練だが、ビジョンというものをどのように捉えるかによって、それをどの程度まで活用し、どのくらいの恩恵を受け取れるかが決まる。

一般的に、ビジョンはふわふわとした実体のないもので、成功の方程式や目標達成にはさほど重要でないと思われている。だが、そうではない。ビジョンは、それが正しく働けば、すぐれた成果を出すための点火スイッチとなり、動力源になる。行動の裏にある「なぜ」が非常に重要なのだ。

このように捉えると、ビジョンには、恐怖と向き合ってそれを乗り越え、大胆かつ一貫した行動をとり続け、あなたに有意義な人生をもたらしてくれるだけの力がある。ビジョンはくだらないものだという考え方を捨て、ビジョンはあらゆる事象の生みの親だと認識すれば、大きな配当を得られるようになる。ビジョンの真の力を知ると、これまで自分を抑えつけてきた制約から自分を解放するために、ビジョンとつながる時間をもっと増やしたくなる。ビジョンはすぐれた成果を出すための出発点なのだ。

チームで活用するなら

ビジョンの作成はとても個人的な作業だが、あなたがチームのリーダーであれば、部下がもっと効果的にビジョンを活用できるよう手助けすることができる。

ビジョンは効果的な実績主義の指導にはうってつけの出発点だ。なぜなら、ビジョンは所有権を生むからだ。部下がビジョンを自分のものにできれば、彼らが目標や戦術を自分のものにするよう促すことも、はるかに楽になる。これはとても重要なステップだ。彼らが目標や戦術を自分のものにしなければ、それらはあなたのものになってしまう。

チームのメンバーと1対1の面談を行い、それぞれのビジョンを再検討しよう。そのとき、彼らの仕事のビジョンをチームで共有してもいいかと尋ねる。そして、彼らのビジョンがなぜチームにとって大切なのかを掘り下げて考える。仕事での目標達成が、プライベートで何を可能にするかを探る。そして、ビジョンが自分のものであるという感覚を持っているか、ビジョンと感情のつながりがどの程度かを尋ねる。

【部下がどの程度ビジョンを自分のものと考えているかを知る質問】

- なぜそのビジョンが重要なのか？
- 今はできないことでも、ビジョンがうまくいったら、何をできるようになるか？
- 目標を達成したら、自分や家族、友人、同僚、顧客、コミュニティはどう変わるか？
- ビジョンを達成するためなら、必要な行動に喜んでコミットできるか？
- ビジョンを誰かと共有したか？
- ビジョンを書いてから何度それを見たか？
- ビジョンと12週間の目標を達成するために必要な行動は何か？

- ビジョンと目標達成との間に立ちはだかるリスクや障害があるなら、それは何か？
- 目標とビジョンを達成するために、こちらができる支援と手助けは何か？

いったん部下がビジョンを自分のものと感じることができたら、次のステップはビジョン達成に向けた計画作りの手伝いだ。13章が役に立つだろう。

部下と個別面談を行うときは（最低でも月1回をおすすめする）、ビジョンの話から始めること。進歩できているかどうか、ビジョン達成に向けて日々の行動に意欲的かを話し合おう。困難な行動を嫌がるときは、長期的なビジョンを達成できなくなるという現実に向き合う必要がある。原因は、ビジョンを自分のものにできていないことにある。

目標達成に必要な行動を起こしたがらないのは、ビジョンに描いた未来より、現在の快適さを大切にしているからだ。この場合、選択肢は2つある。人生への期待値を下げるか、計画を一貫して実行し続ける勇気と自制心を持つか、そのどちらかだ。うれしいことに、この選択肢を突きつけると、たいていのメンバーは平凡から脱する志の高いビジョンと再びつながり、ビジョンを選択してくれる。

チームのビジョン

リーダーとして大切なことは、自分の会社や部署、チームのビジョンを確立することだ。額に入れられて壁にぶら下がっているような、名ばかりのビジョンではない。未来のある地点に狙いを定めて目標を設定するところは、個人のビジョンと似ている。だがチームの場合、重要な目標をしっかりと根付かせたい。そのためには、まずメンバーに個々のビジョンを持たせてから、チームとしてのビジョンを作ることが最も効果的だ。

チームのビジョンを作るにあたって、自分のビジョンを作ったときと同じ手法をいくつか活用できる。まずは長期的な視点に立って、将来すばらしい会社となったときにどのように見えるか、意見を出し合うところから始めよう。できるだけ具体的に考えてもらい、必要に応じて数値化するのもいい。全員が意見を出せるようにし、それから期間を狭めて3年後を考え、ビジョンに残すべきものと、そうでないものを決定しよう。

よくある落とし穴

落とし穴❶　ビジョンの力を軽んじる

特にタイプA（訳注：野心的、攻撃的な性格傾向）の人間はビジョンをくだらないものとみなしがちだ。そう考える人は、目的は何かという質問を跳び越えて、すぐ行動に移したがる。それが問題なのは、状況が厳しくなったときに、長期的に行動を起こし続けることが困難になるからだ。説得力のある理由、納得のいく「なぜ」がないことが原因だ。この落とし穴は、ビジョンを見続けていないこと、計画とビジョンを一致させていないこと、描いたビジョンをあまり覚えていないことによって生じる。

落とし穴❷　ビジョンが自分にとって無意味である

人は見せかけだけのビジョンを作ることがある。自分にとって意味があるものではなく、望んでいると思っているもの、あるいは望むべきだと思っているものを取り入れてしまう。ビジョン作りには時間がかかる。感情につながる何かが見つかるまで、じっくりとビジョン作りに取り組まなければならない。

落とし穴❸　ビジョンが小さすぎる

ビジョンが小さいと、最大限の努力は必要なくなる。それでは達成感がなく、快適さを犠牲にすることもない。ビジョンが小さければ簡単に達成できるかもしれないが、最高の状態にはなれない。最大限に能力を発揮するには、不快感を覚えるほど大きく、違うやり方や別のことに挑戦できるようなビジョンが必要だ。

落とし穴❹　ビジョンと日々の行動に関連性がない

1日というのは、ビジョン達成に向かって前進するか、無益に過ごすかのどちらかだ。ビジョンに沿った計画のもとに行動していれば、日々最も重要なことをこなしているという確信を持てるようになる。

成功のヒント

あなたはビジョンを作り、落とし穴もチェックした。次は、ビジョンをさらにパワフルにする重要な3つの行動だ。

成功のヒント❶　ビジョンを共有する

ビジョンを共有することで、コミットメントが深まる。誰かに自分が望んでいるものを話すと、行動を起こそうという気持ちが強くなる。

成功のヒント❷　常にビジョンを忘れない

ビジョンを紙に印刷して持ち歩こう。毎朝ビジョンを見直し、より鮮明で有意義なものが見つかるたびに修正を加えよう。

成功のヒント❸　意図的に生きる

1日の終わりに、数分でいいので、その日の成果を思い返してみよう。前進しただろうか？　あるいは、ビジョンと関係のない活動ばかりだっただろうか？　ビジョン達成に向けて、意図的に行動すると決意しよう。明日はどんな行動をするだろうか？

13 12週間計画を立てる

DEVELOP YOUR 12 WEEK PLAN

この章では、あなたの初めての12週間計画を作っていく。だがその前に、ビジョンを定義し、そのビジョンにコミットしておく必要がある。まだその準備ができていない場合は、効果的な12週間の目標としっかりとした計画を作るために、前章を必ず実行しよう。

計画のメリット

あなたの仕事がルーティン作業ばかりでないかぎり、計画に価値があることは理解しているだろう。計画を立てることで、時間と資源をもっと価値のあることに割り振ることができ、成功の確率を高めることができる。また、チームをまとめる際にも役立ち、ライバルに差をつけることもできる。

計画に基づいて行動すれば恩恵を得られると実証されているにもかかわらず、誰もがそうしているわけではない。その理由のひとつは、計画に基づいた行動を起こすことに先入観を持っている人が多いことだ。その先入観がうまく働くこともあるが、効果的な実行の妨げになることもある。人はつい、早急に物事を進めたくなる。だが効果的な計画を作るには時間がかかるし、難しい作業が必要になることもある。矛盾しているように思えるかもしれないが、前もって計画を立てることで、タスクを終えるまでの全体的な時間と労力は大幅に減らせる。

計画に基づいた行動ができないもうひとつの理由は、「やるべきことはわかっているのだから、計画など必要ない」と信じ込んでいることだ。表面的にはそのほうが合理的に思えるかもしれないが、残念ながら、知っていることと実行との間にはたいていギャップがある。たとえば、もっと健康的になりたいと思っている人は多いし、おそらくほぼすべての人は、それには正しい食生活と運動が必要だとわかっている。それにもかかわらず、悲しいことに大半の人は健康的になれない。知っているだけでは不十分なのだ。世界は雑音だらけで、予期せぬことが起こり、気を逸らされ、快適さを求める人間本来の欲求が突き上げてきて、やるべきだとわかっていることにすら集中できなくなる。

だからこそ、成功の確率を上げるためにあなたができる最もパワフルな方法は、計画を紙に書き、それを実行することなのだ。

12週間の計画作りのメリットはビジネス面だけではない。うまく書かれた計画であれば、人生のあらゆる面に良い影響を与えてくれる。J・K・マキャンドルースは息子と12週間チャレンジについて、こんな話を聞かせてくれた。

息子のケビンはルイジアナ州立大学の２年生ですが、２年前は学校とサークル活動、フットボールのバランスを取るのにとても苦労していました。その年のクリスマス休暇に、私はケビンに12週間チャレンジの基本的な原則を教えました。するとケビンは、次の学期から明確な目標をいくつか作り、目標達成のための戦略と戦術を考えるようになりました。

それ以来、日曜の夜になるとケビンは１週間の計画を送ってきました。さらに自分なりに知恵をこらして、その週の行動をやる気にさせてくれる名言を探し、それも一緒に。ケビンの成績は上がり、さらに重要なことに、目標への集中力が増し、思考も整理され、この瞬間のすばらしさをしっかりと理解するようになったのです。

ゲームを変える

12週間チャレンジの実行サイクルを始めると、時間の価値が増大する。12週にわたって毎日、目標に向かって進んでいるのだ。1年が12週間しかないと、一瞬の価値が際立つ。12週間チャレンジを取り入れることで得られる利点のひとつは、今この瞬間に行動を起こせるようなることだ。なぜそれが利点なのかと言えば、あなたがこれから経験する未来は、今この瞬間に作られているからだ。

だが、同じこの瞬間を生きるにしても、2つのまったく違った方法がある。消極的か積極的かのどちらかだ。消極的に生きると、最善の行動を起こせない危険性がある。行動を起こすきっかけとなる主な原動力が、電話やメールの着信、新たな課題、誰かがドアをノックする音などの外部要因になるからだ。その時点で最も価値のある活動が何かを知ることは難しい。というのも、人は基本的に、良い活動と悪い活動を選んでいるわけではないからだ。より価値が高いほう、より低いほうという基準で選んでいるが、その時点でのランク付けは正確でないことが多い。

12週間の計画が役立つのは、まさにその点だ。行動することが前提の計画なので、行動を起こす引き金を外部要因に頼らなくていい。計画こそが行動を起こす引き金なのだ。計画を作成する12週間の始まりに、自ら進んで行動を選択するのだ。要するに、12週間計画は毎日より多くの必要な行動を起こすことに役立ち、最終的にはより早く、よりすばらしい影響を人生にもたらしながら目標を達成できる。

12週間計画のもうひとつの利点は、結果を促進する重要な行動に徹底的に集中できることだ。12週間チャレンジでは、違うことをいくつも効果的に行うことはできない。理由は単純に、すべてをやっている時間がないからだ。12週の間、目標達成のための最も重要な最低限の行動だけに集中する。

12週間計画は、短期間だからこその恩恵もある。期間が短いため不確実性が減少し、その結果、効果的に行動計画を立てることができる。1年計画は通常、行動重視の計画ではない。4カ月以上も先の取るべき行動を予測するのは、ほぼ不可能に近いからだ。これも12週間計画の大きな利点となる。

1年計画では不確実なことが増えるため、たいてい目標重視となり、紙に書き出された内容を実行することはできない。「何」をするかはわかっても、「どうやって」するかまではわからないのが、典型的な1年計画だ。「どうやって」が明確に定義されていないと、どこまでやるべきかわからなくなり、物理的に実行可能な範囲を超えて取り組んでしまうこともある。

12週間計画の毎日と毎週の「どうやって」が、実行を容易にしてくれる。計画された行動にしっかりと取り組めば、成功に向かって手を伸ばしたことになる。
友人のパトリック・モリンは12週間計画の経験をこのように語っている。

私が熱心に12週間チャレンジに取り組むきっかけとなった挑戦は、何をしても落とせなかった17キロ分の体重を落とすことだった。12週間チャレンジは期間目標、戦略、戦術、どれをとってもこの問題を解決するのにふさわしく、しかも、トライアスロンに備えるツールとしてもまさにぴったりだった。目標を達成したあとは、体調もすっかりよくなり、私は他でも12週間チャレンジを活用できないかと探し始めた。

ちょうどそのころ、私たちはヘルスケア業界で新しい会社を立ち上げるために資金調達を行っていた。真剣にやり始めたのは1月で、必要な書類を準備し、製品も作っていた。ところが思った以上に時間がかかり、その間、内部資金だけで回していくしかなく、資源も忍耐力もどんどん減っていった。

この状況は12週間チャレンジを取り入れるのにうってつけだと思った。

7月初旬の月曜日、私は幹部を集めて計画を立てた。重要な目的ははっきりしている。事業案（と会社）が生き残るために、目論見書を完成させ、12週間で資金を調達することだ。当時の経済状態を言葉で表すなら「陰鬱」という表現がぴったりだろう。一般的に、投資家を募るのは容易ではなく、超人的な努力が必要だ。

会社のビジョンは明確だったので、次のステップは資金調達の12週間計画を立てることだった。この半年のつらい仕事はすべて忘れ、これからの12週間に完全に集中しなければならない。

「1日はこれまでの1週間だ」を合い言葉に、私たちは最初の週に100ページの目論見書を書き上げた。そして法律顧問に審査を依頼し、1週間後、ゴーサインが出た。本当にエネルギーがみなぎる瞬間だった。そして、チームのひとりひとりが何百人もの知り合いにアプローチした結果、多くの人が投資を快諾してくれ、10月10日には第1ラウンドを終了させることができたのだ！

このときに生まれたエネルギーは、開発段階でもずっと好影響を及ぼし、プロジェクトごとに12週間チャレンジを取り入れた。この一連の流れは、投資家や従業員、役員からも注目されている。

良い計画は確実な実行を生む

車で全国縦断するための地図が、曲がり角が順番どおりに書かれていなかったり、複数の方向指示をひとつにまとめていたり、説明がかなり端折られていたりするものだとしたら、どうだろうか？　それを作った人間を平手打ちしたい衝動に駆られるだろう。もっとまともな地図を手に入れるために、どこかで車を止めるかもしれないし、いら立ちのあまり旅をあきらめて家に帰るかもしれない。

こんな地図のような計画を立てる人がどれだけ大勢いるかを知れば、あなたはきっと驚くに違いない。手順がすっぽりと抜け落ちた計画、複雑で時間がかかるプロセスをひとつに無理やりまとめた計画、行動が順番どおりになっていない計画を、私たちはしょっちゅう目にしている。もっとひどいのは、目標達成に必要な行動の代わりに、考えや意見しか書かれていないものも多い。それはまるで、マイアミからシカゴまでの道案内が「車に乗って、一般道を走ってください」と言っているようなものだ。このような計画は非常によくあるが、これでは実行など到底できない。

効果的な12週間計画を立てることは、わずか12週間ですばらしいことを成し遂げるためのカギとなる。12週間計画では、目標を達成するために毎週やるべきことがきっちりと定義される。

長期的な可能性vs短期的な結果

計画は将来の可能性を開きつつ、短期的な結果を達成させることもできる。どんな12週間計画にも、この12週で達成できる目標が必要だ。もし仕事上の計画であれば、この12週間で得たい売上を常に目標にする。

だが計画によっては、将来の可能性を開くことを目的にしている場合もあるだろう。たとえば、勉強に励む、スタッフを雇用する、技術を向上させる、新しいシステムを導入する。そのための労力と資源は即座に必要だが、それを回収できるのは先だ。そのため常に、短期的に結果を出せる目標を計画に入れておくことが重要だ。

効果的な計画とは

自分を成功に導きたいなら、あなたが書いた計画の構造は非常に重要だ。良い計画は良い目標から始まる。目標が具体的でなかったり、評価できるものでなかったりしたら、あなたの作る計画も曖昧になる。目標が具体的かつ評価しやすいものであればあるほど、しっかりとした12週間計画を作ることが容易になる。

たいてい12週間計画には2つか3つの目標が含まれている。たとえば、12週間の目標が「体重5キロ減」と「1000万円の新規契約」だとすると、それぞれの目標に対して計画上の戦術を考える必要がある。減量のための戦術は、理想体重に到達するための具体的な行動だ。1日の摂取カロリーを1200キロカロリー以内に抑え、週に3度の有酸素運動をする、といった具合に。このときに気をつけるべきは、言葉の最後は必ず動詞で終え、文章を完結させること。目標や戦術を書く際には、「○○する」という完結形で書くことが重要だ。1000万円の目標に対しては、別の戦術が必要となる。

より良い12週間計画を作るために、目標と戦術を書く際に役立つ5つのルールがある。

ルール❶　具体的かつ評価可能なものにする

それぞれの目標や戦術に対し、成功した状態を数値で表したり、条件を決めたりする。何本の電話をかけるのか。何キロ落とすのか。走る距離はどれくらいか。収入はいくらなのか。具体的であればあるほど良い。

ルール❷　ポジティブな表現で書く

これから起こってほしいことはポジティブなことだけにする。たとえば2％のエラーに目を向けるより、98％の正確性に目を向ける。

ルール❸　実現可能で高めの目標を設定する

設定した目標が特別なことをしなくても達成可能なのものであれば、もっと高い目標にする必要がある。反対に、とても達成不可能なものなら、目標を少し下げる必要がある。たとえば、もし顧客に紹介を依頼したことが一度もないのであれば、「全顧客に紹介を依頼する」というのは行き過ぎかもしれない。現実的に考えると、「週に最低一度、会った顧客に紹介を依頼する」といったあたりが妥当だろう。

ルール❹　責任を割り当てる

これはチームメンバーに担当を振り分けるときに行う（もしチームでなければ、責任はすべて自分にある）。各目標と戦術に対する個々の責任はとても重要だ。みんなでや

12週間の目標
1000万円の新たな取引を成立させる 体重を５キロ減らす キャロルとの関係を改善する

目標：1000万円の新たな取引を成立させる	
戦術	**実行する週**
12週間で取引（最低100万円）できそうな人を見つける	１週目
１週間で最低５人の見込み客に電話し、最低でも週に３回の会議を入れる	毎週
１週間で最低２回、新規顧客のアポをとる	毎週
次の各ステップと共に、機会ごとにフォルダ分けする	毎週
新取引に向けて毎週、見込み客をフォローする	毎週
壁に売上グラフを作り、毎週更新する	毎週
結果を毎週評価し、計画変更の必要性を検討する	毎週

目標：体重を５キロ減らす	
戦術	**実行する週**
１日の摂取カロリーを1200キロカロリー以内に抑える	毎週
最低でも週３回、有酸素運動を20分行う	毎週
毎日最低６杯の水を飲む	毎週
週に３回、ウエイトトレーニングをする	毎週
スポーツクラブに入会する	１週目

目標：キャロルとの関係を改善する	
戦術	**実行する週**
週に１回、子ども抜きで夜にデートする	毎週

る挑戦は誰の挑戦にもならない。

ルール❺ 時間的制約を作る

物事をやり続けるにあたって、締め切りほど効果的なものはない。目標を達成する日付や戦術を実行する日付を忘れずに入れること。

これらのルールに加え、各戦術は動詞で完結させることを忘れずに。また、予定された週に実行可能でなければならない。前ページに、12週間計画のサンプルをあげておく。

あなたの12週間計画を作る

12週間計画を作る最初のステップは、どこに向かうかを決めることだ。当然ながら、効果的な計画は、紙に書かれた具体的で評価可能な12週間の目標から始まる。それはあなたの目標であり、達成すれば有意義な恩恵を受けられ、変化を与えてくれる目標だ。

12週間の目標は、ビジョンと12週間計画の橋渡し役でもある。12週間の目標は現実的で高めでなければならない。現実的でなければ落胆しかねず、高めの目標でなければ12週間チャレンジは必要ない。今までのやり方で目標は達成されているはずだからだ。

さあ、あなたの長期的ビジョンと一致し、かつ12週間で、あなたにとってすばらしいものとなる目標を作成するときだ。前章に戻って、長期的ビジョンと3年後のビジョンを再検討するところから始めよう。これからの12週間でコミットして達成したい成果を決定するのだ。12週間の目標が定まったら、紙に書き出そう。

最高の12週間の目標とは、現実的でありながらも、あなたの最高の状態を引き出せるくらい高めの設定をしたものだ。では、なぜその目標があなたにとって重要なのだろうか？　もしそれが達成できたら、何が変わるのだろうか？　それも紙に書き出そう。

12週間計画を書き出す

いよいよ初めての12週間計画を作るときだ。計画は目標に到達するためのロードマップだ。最良の計画では、12週間で進展させたい項目が1つか2つに絞られている。目標と1週間の行動が少なければ少ないほど、実行が容易になる。

ジョージ・パットン将軍はこう言っている。「今日の良い計画は、明日の完璧な計画よりすばらしい」。あれこれと計画内容を分析しないほうがいい。完璧な計画ではないと気にする必要はない。完璧な計画などないのだから。いったん良い計画を作成できたら、実際に行動していくうちに何が最良かわかってくる。そのときに改良すればいい。

計画は問題解決策に過ぎない、という根本的な事実を忘れないでほしい。あなたの計画は、今日の結果と12週間後の目標とのギャップをどのようにすれば埋められるか、という問題を解決してくれるものだ。

まずは、最初の目標を「目標1」として書き出してみよう。他に目標があれば、別々に書き出すこと。1つしか思いつかないかもしれないが、それでかまわない。

次に、それぞれの目標達成に必要な1日と1週間の行動のうち、最も優先度の高い行動を定義する。それには、別の紙に自分ができることを思いつくかぎり書き出し、最も影響が大きいものを選択するといい。繰り返し行うものもあれば（例：毎日運動する）、12週間で一度しかやらないこともあるだろう（例：スポーツクラブに入会する）。

実行しようと決めたことは、完全な文章にして動詞で終わらせる。最後に「実行する週」の欄に1～12の数字を書き込む（125ページの計画表を参照のこと）。

また、目標を書き出す前に、次のことを自分に問いかけよう。これも書き出すといい。

・実行に苦労するのはどれか？

・それを乗り越えるためにできることは？

思考の転換

うまく書かれた計画がなければ、実行は伴わない。計画を作るときの思考が、12週間チャレンジ全体を通して、計画の質や成功に影響を及ぼす。目標達成の邪魔になりそうな一般的な考え方をいくつか指摘しておこう。

ほとんどの人は、計画どおりに行動すべきだとわかっているが、計画に基づいて実行した経験が乏しければ、計画を書き出すことに時間を割こうとしない。もしあなたがそうであれば、12週間計画はかなり違うものだということを思い出してほしい。12週間計画は、目標達成に必要な各週の重要な行動に焦点を当てる。計画は実行することで効力を発揮する。典型的な1年計画の目的や目標では行動は起こせないが、12週間チャレンジの計画は行動を起こせるのだ。

効果的な計画作成の妨げになるもうひとつの思考は、「計画を作る時間などない」というものだ。これは非常によくある考えだが、間違っている。以前、計画作成の時間的メリットの調査に関わったことがあるが、それによると、複雑なタスクに取り組む前に時間をかけて計画を作成すると、タスク完了までの時間が20％も短縮されることがわかった。

チームで活用するなら

12週間チャレンジを取り入れれば、チームに変革をもたらすことができる。あなたのチームの全員が、それぞれ自分の望むビジョンと12週間の目標を持っていると想像してもらいたい。もし全員が毎週、最も価値のあることを実行し続ければどうなるだろうか？

メンバーが12週間チャレンジをすぐに取り入れ、すばらしい影響を生むためには、リーダーとしていくつかやるべきことがある。まずは本書を読むことをすすめ、ビジョンと計画作りに取り組ませる。ビジョンと計画の作成が終わったら、個々に面談の時間を設け、彼らの12週間の目標と計画を評価する。この目的は、彼らの計画を改善し、目標達成を助けるというあなたの役割を確立させることだ。

面談する際は、彼らの目標に的を絞って会話を始めること。自分なりの目標を持っているか？　その目標に関心があるか？　現実的で高めの設定になっているか？　目標が達成できると信じているか？　必要に応じて適切なアドバイスを行い、修正を加える。だが、目標を彼らのものにしたいなら、自分のものにしないよう注意する必要がある。

目標が定まったら、次は戦術の決定だ。アドバイスするときは目標を最小限にし、必要な戦術も最小限に抑えて計画を立てられるようにする。彼らの計画を改善するには、本章で前述した良い目標と戦術の基準が参考になるだろう。

チームの計画

チームのリーダーとして、あるいはチームの一員として、共通の目標と計画の作成が必要なときがある。効果的なチーム計画があれば、個々の計画より効率的に能力や資源を活用できる。

チーム計画と個人計画の作成プロセスはよく似ているが、チームの場合、共同で作成する点が違う。メンバー全員に、12週間のチーム全体としての目標を理解してもらおう。チームの目標が決まったら、その目標をそれぞれが、チームの目標であり自分の目標でもあると捉えていることを確認しておく必要がある。次に、全員で目標達成に必要な戦術を思いつくかぎり出していき、その中から必要最小限の戦術を選び出す。

大切なのは、複数のメンバーで1つの戦術に取り組むとしても、必ず1人に1つは戦術を割り当てること。戦術に対する個々の責任は、チームで実行するにあたって非常に重要になる。とはいうものの、複数でやることで完了する戦術では、各メンバーに目標を部分的に割り当てるほうが効果的なこともある。たとえば、チームの戦術が週に20回の有望顧客との会議で、メンバーが4人の場合、各人に週5回を割り当てるといったように。

チーム計画の作成に関して、最後に2つアドバイスがある。まず、チームの能力を過大評価しないこと。最良のチーム計画は簡潔で、目標達成に必要な最小限の行動しか含まれていない。それ以上は望まないこと。また、計画の初期段階に戦術を詰め込みすぎないこと。できるだけ12週にわたってバランスよく行動を起こせるようにしよう。

よくある落とし穴

これら5つの落とし穴にはまって、計画から脱線しないようにしよう。

落とし穴❶　長期的ビジョンと合致していない

あなたの12週間の目標と計画は一致していることが大切であり、さらには長期的なビジョンとも合致していなければならない。目標を設定するときは、ビジョンとつながりがあるかどうかを確認し、12週間が終わったとき、どこまで長期的ビジョンを達成しておく必要があるのかを決めておく。

落とし穴❷　分散している

集中は重要だ。目標をたくさん設定しすぎると、優先事項があまりにも増え、戦術も多くなりすぎて、効果的に実行できなくなる。すべてを優先事項にすることはできない。最も重要なことを行うためには、ノーと言うことも必要だ。重要なことだけに焦点を絞るには勇気がいる。だが、12週ごとに新しい年がやってくる。12週ごとに1つか2つの分野に絞って、情熱と集中力を持って目標達成に向かうところを想像してみよう。

12週間が終わったら、次に集中したい分野を新たに1つか2つ決定する。12週間チャレンジは2、3個の重要な分野に焦点を当て、短期間ですばらしい成果を生み出せるようデザインされている。

落とし穴❸　重要な戦術を絞り込めていない

各目標に対して8～10個、もしくはそれ以上の戦術（行動）を設けることはめずらしくない。だが、たいていの場合、思いつく戦術をすべて実行する必要はない。また実は、それがかえって妨げにもなりかねない。思いつくかぎりの戦術を並べるのはいいが、だからと言ってすべてを実行に移さなければいけない、ということではない。あまりにも多くの戦術を実行しようとすると、密度が薄くなり、かえってやる気が失せる。

とはいえ、戦略に正しい数はないと覚えておくことも大切だ。目標と同じく、一般的なルールというのはあまり重要ではない。もし4つの戦術で目標を達成できるなら、5つめの戦術は不要だ。思いつくかぎりの戦術をあげ、そこから重要なものをいくつか選ぶようにしよう。

落とし穴❹　簡潔になっていない

計画の作成は、とても複雑になることがある。戦略計画の立案しか行わない部署がある会社もあるほどだ。だが、12週間チャレンジの計画はシンプルにしよう。もし複雑すぎると感じたら、実際にそうなっているはずだ。重要な分野と目標達成に必要な行動を2、3個に絞ろう。

落とし穴❺　計画に意味がない

　計画は最も重要なことについて考えなければならない。そうでなければ、実行に移す動機が低くなる。他の人が重要だと思うことを目標にして計画を立ててはならない。計画を実行するのは難しくはないが、必ずしも簡単ではない。もし計画があなたにとって意味のないものなら、実行に苦労するだろう。あなたにとって最も大切なことに焦点を合わせよう。

14 プロセス管理

INSTALLING PROCESS CONTROL

12週間チャレンジはビジョン作りから始まり、そのビジョンをもとに12週間の目標を作成する。さらにその目標から12週間の計画を組み立てる。それが終わったら、プロセス管理だ。マイク・タイソンは、誰しも口元にパンチを食らうまでは計画がある、と言っている。プロセス管理は、たとえ口元にパンチを食らったとしても計画をうまく進めるためのツールとイベントだ。

完了を確認する

ビジョンと計画を作成しただけでは不十分だ。目標と計画がこれまで以上の成果を出すよう設定されているなら、初めてのことが戦術となる場合もあるだろう。新しい行動はたいてい不快であり、変化を起こしにくくする原因のひとつになる。

だが、もっと良い成果を出すために必要な行動を特定することと、継続してその行動をやり続けることは、まったく別の問題だ。体系化された仕組みと環境の土台がなければ、行動には常に意志の力が必要になる。たまに意志の力を利用するのはいいが、研究によると、意志は疲労の原因にもなるそうだ。それに、誰もが経験したことがあるように、意志の力というのは働くときもあれば、動かないときもある。

もし最大限の能力を発揮して何かを達成したいのであれば、意志の力だけに任せておくべきではない。プロセス管理は、ツールとイベントを利用して意志を強化する土台を作り、時には意志に取って代わるものになる。オリンピックのメダル獲得数歴代1位の競泳選手マイケル・フェルプスは、プールに入ったり、トレーニングしたりする気分になれないときでも、それをやった。実行できたのは、プールに入ったほうが楽な仕組みを持っていたからだ。すばらしい成果を出すのであれば、あなたも彼と同じような仕組みを持つ必要がある。そうすれば、やる気がある日でもない日でも、計画どおりに行動できる。

そこで、あなたに紹介したいツールが2つある。どちらも、しっかりとした土台の基礎を築くためには欠かせない。

週間計画

週間計画は、12週間の計画を1日と1週間の計画に落とし込む際に威力を発揮する。週間計画は1週間を体系化し、その週に集中させてくれる。各週の行動計画となるものだ。決して見せかけのＴＯＤＯリストではない。むしろ、目標達成に向けて、その週に行う重要な行動が書かれている計画だ。

週間計画は12週間計画から派生していることを忘れないでほしい。その時々で持ち上がった緊急案件に基づいて作成するのではない。そうではなく、事前に12週間計画で決めた週に割り当てた戦術だけで成り立っている。つまり、週間計画には自然と戦略的かつ重要な行動しか含まれない。

週間計画は12週間計画に基づいているので、長期的なビジョンともつながっている。そのおかげで、週間計画に含まれる行動は必然的に、その週にやるべき重要なことだと確信を持つことができる。その戦術が完了すれば、あなたはすばらしい1週間を終えたことになる。もし完了しなければ、1週間はなかったことになる。毎週はっきりとこの違いがわかる。これは効果的なだけでなく、人生を変えるほどの威力を持っている。

6週目の目標――評価：0
1000万円の新たな取引を成立させる
1週間で最低5人の見込み客に電話し、最低でも週に3回の会議を入れる
1週間で最低2回、新規顧客のアポをとる
新取引に向けて毎週、見込み客をフォローする
結果を毎週評価し、計画変更の必要性を検討する
体重を5キロ減らす
1日の摂取カロリーを1200キロカロリー以内に抑える
最低でも週3回、有酸素運動を20分行う
毎日最低6杯の水を飲む
週に3回、ウエイトトレーニングをする
キャロルとの関係を改善する
週に1回、子ども抜きで夜にデートする

私たちが提供しているオンラインサービス「Achieve!」から、週間計画のサンプルを載せておこう。3つの目標と、その週に割り当てられたそれぞれの戦術が記載されている。あなたも週間計画のコピーをとり、重要な行動をカレンダーに書き込むことを強くおすすめする。印刷した週間計画は、毎日を管理し、その週の行動を完了したかどうかチェックする資料となる。

ひとりで行わない

プロセス管理の2つめのツールは、相互支援だ。2005年5月のファスト・カンパニー誌に興味深い記事が出ていた。「変わるか、死ぬか」と題されたその記事は、生きるために生活スタイルを変えなければならないほど重度の病気を患っている患者を対象とした調査結果を発表するものだった。それによると、残念ながら90％以上の人が、死の現実に直面しながらも、1年後には元の生活スタイルに戻っていたそうだ。死が差し迫っていても、圧倒的多数の人が健康になる選択をできなかった。

その一方で、7倍近い成功率をあげた人々もいた。これらの患者は相互支援のグループと関わっており、成功率は80％近かった。相互支援を受けていない場合の成功率は10％だ。この調査結果は、NBAシャーロット・ホーネッツのオーナー、ジョージ・シンの言葉を思い出させる。「自分の力だけで成功する人間はいない。他人の助けがあってこそ、目標を達成できる」

相互支援のグループは定期的に会合を持ち、それぞれの進歩や苦労していること、課題について話し合った。お互いを励まし合いながら、順調に歩を進めていくのだ。このことからもわかるように、変化を起こそうとしているときは、ひとりで行ってはいけない。相互支援システムを取り入れれば、成功の確率は7倍もアップするのだから。

私たちも、過去10年間で何千人ものクライアントと仕事をしながら、同じようにダイナミックな経験をしている。クライアントが相互支援グループと定期的に会うと業績が向上し、会わなければ低下するのだ。

そこで、目標に関わっている2～4人のグループを作り、定期的に会合することをおすすめする。私たちはこれを「週間報告会（WAM＝Weekly Accountability Meeting）」と呼んでいる。WAMは責任を追及するためのものではなく、計画を継続して実行するための責任力を養うものだ。

WAMはプロセス管理の重要な要素となる。通常は、全員が1週間の計画を立てた後の月曜日の朝に、15～30分ほどで行う。誰かの責任を追及したり、悪い成績の話を持ち出したり、業績の悪い者を叱責したりするような懲罰的な時間ではない。あくまでも、うまくいっていないことと向き合い、進捗を確認し、焦点を合わせて行動を促すための会合だ。たいていのWAMは次のような議題に従って進められるが、実行に焦点を当てていれば、自由に変えてかまわない。

WAMの議題

- 各自の報告――各自が目標達成に向けてどのように進めているか、どのように実行しているかを報告する。そのとき、重視するのは次の4項目。
  - ・これまでの成果
  - ・前週の実行の評価
  - ・今週の計画
  - ・フィードバックとグループからの提案

・成功したやり方――何がうまくいっているかを見つけ、そのやり方をお互いの計画にどう組み込めるかを話し合う。

・激励

やり方は非常にシンプルだ。各自が数分で報告を行う。これまでの成果について、計画に沿っているか、この段階ではどれくらい進んでいるはずで、今はどこにいるのかなどを述べる。次に、前週の評価を伝える（評価の方法は15章で説明する）。それから今週の計画を伝える。そして全員がフィードバックと提案を行い、激励して、意欲を高める。全員が報告を終えたら、うまくいっていることについて話し合い、他のメンバーの目標や計画にそのやり方を取り入れられるかを、さっと確認する。最後は、この1週間が有益になるようメンバー同士で激励して締めくくる。

レズリー・リルジェンバーグは、チームのメンバーが1日をどう過ごすかを再検討するため、このWAMを活用した。そのときの様子を語ってもらおう。

12週間計画を実行することで、毎日が重要だということがさらにはっきりと自覚できるようになりました。最初は、それぞれの興味がある分野に仕事を割り当て、その分野を拡大するために行動計画を作ってもらいました。そして、12週ごとにその割り当てを見直し、どうするべきかに応じて、割り当て直していきました。

毎週行うWAMは、おそらく私たちがやったことのなかでも最大の成功でした。スタッフが1週間ごとに自分の行動をすべて評価し始めると、何に時間を割いてるのかが、今までよりはっきりとわかるようになったのです。

そこで、どのように1日を過ごしているかに焦点を当て、私が各スタッフと1日を共にしました。それによって、無駄な時間を特定することができたのです。また、時間がかかるわりに成果があがっていない作業に対処する、という厳しい決定を下すことにも役立ちました。ROI（費用対効果）を考えれば、それらの作業には価値がなく、やめるべきだとわかったからです。もし私たちがチームとして各自の進捗状況を評価していなければ、おそらくこの決断はできなかったでしょう。

「1年思考」をやめたおかげで、もっと早い段階で数値目標を達成することの必要性がわかり、WAMによってそれを実現できました。リーダーは、12週間チャレンジに沿っているか、また、チームがビジョンや12週間計画から逸れていないかどうかを常に確認する責任があります。私からのアドバイスはこうです――WAMを開催し、計画に沿って行動すれば、12週間チャレンジは成功する！

週間ルーティン

12週間の目標を達成する唯一の方法は、毎日計画に沿って行動を起こすことだ。週間計画とWAMは、「週間ルーティン」と呼ばれる3つのステップのうちの2つなのだ。これらの簡単なステップを踏むことで、毎週確実に実行でき、目標達成が確かなものになる。週間ルーティンはシンプルだが、パワフルな3つのステップで構成されている。

- 1週間を評価する
- 週間計画を立てる
- WAMに参加する

ステップ❶　1週間を評価する

次章では、スコア表を使って効果的に1週間の実行を評価する方法を紹介する。この評価方法は、他のどのツールよりも最高に強力な指標となる。週間ルーティンのひとつとして、このスコア表を使って数分間、1週間の行動を評価しよう。具体的な方法は次章で詳しく説明するので、今のところは、これが週間ルーティンの重要な要素だということを知っておくだけで十分だ。

ステップ❷　週間計画を立てる

週間計画を作り、それに基づいて行動することの重要性を説明してきた。私たちのオンラインサービス「Achieve!」を活用すれば、その週にやるべき戦術を自動で入力してくれる。あるいは、私たちの電子ペーパーシステム「Freehand」のようなものを利用しているのであれば、12週間計画を確認して、その週の戦術を自分で週間計画に書き込む必要がある。いずれにしても、週間計画を作らないまま1週間を始めてはならない。

毎週15分ほど、週の評価と計画のための時間が必要だ。私たちのクライアントの約70％は、月曜日の朝一番にこれを行っている。残り30％は、金曜午後から月曜朝の間に行っている。毎週定期的に行えば、日時はまったく問題ではない。

ステップ❸　WAMに参加する

定期的に相互支援グループに会うことで、成功の可能性は格段にアップする。一緒にW

AMをやりたい人をリストアップし、その人たちと連絡をとって、定期的な会合の日時を決定しよう。電話で話すのか、それとも直接会うのかも決定する必要がある。そうしたら、定期的な会合として、全員のカレンダーにWAMを書き加えてもらおう。

このシンプルな3つのステップが、すばらしい成果をあげるための基礎となる。これらのステップは簡単に実行できる。むしろ、実行しないほうが難しいくらいだ。もしあなたが本気で目標達成したいなら、この週間ルーティンにコミットしよう。

思考の転換

やるべきことならわかっている、だから週間計画を作るメリットがない、と考える人は多い。だが多くの研究や、何千人ものクライアントを見てきた私たちの経験上、これは正しくない。頭の中にある計画は、紙に書き出した計画ほど効果的ではないからだ。紙に書き出した計画は、頭の中にある計画よりも60～80％も実行する確率が高くなる。

計画を紙に書き出すことで曖昧さがなくなり、すっきりと見通せるようになる。だが、一部の人にとっては、この透明性が非常に不快なため、明確な計画を書き上げることを妨げるさまざまな思考を生み出す。その思考とは、「やるべきことならわかっている。だから、わざわざ紙に書き出す必要はない」「もっと柔軟性が必要なのに、計画を書き出すと制限されるだけだ」あるいは「忙しすぎて、計画を書き出している時間などない」といったものだ。これらはすべて、個人の責任を逃れるための言い訳にすぎない。

WAMについても同じような考え方をしている人は多い。彼らは「そんな時間はない」とか「そんなものが必要なのは弱い人間だけだ」と口にする。こうした思考やコメントはどれも、透明性と責任感に対する根深い恐れから生まれている。

紙に書き出した計画を実行し、定期的に相互支援グループと会合すれば、間違いなく、あなたはもっと成果をあげられる！　自分を甘やかしてはいけない。あなたにも必ずできる。今よりもっと自分の時間と人生を手に入れるために、週間ルーティンによってもたらされる恩恵に思考を合わせよう。

チームで活用するなら

12週間チャレンジは文化的な変革であり、まったく新しいチーム運営方法だ。元フォード社CEOのリー・アイアコッカは、リーダーのスピードはチームのスピードである、と言っている。あなたがリーダーである以上、あなたの言葉、行動、焦点が、最終的に組織の文化を形成することになる。12週間チャレンジをＯＳとしてうまく活用し、あなたの望む結果を達成するには、あなた自身がうまくこれを活用する必要があるだろう。

なぜなら、組織の文化はあなたを反映しているからだ。あなたの行動は何にも増して、チームが12週間チャレンジを存分に活用し、恩恵を受けるかどうかに大きく影響を与える。そこであなたがこなすべき最初の課題は、模範的な行動をメンバーに見せることだ。週間ルーティンを取り入れる、つまり各週の計画を立てて評価し、ＷＡＭに参加するところから始めよう。

次に、メンバー全員の習慣を個々にチェックする。各週の計画を立てているだろうか？それを毎週欠かさず評価しているだろうか？　積極的にＷＡＭに参加しているだろうか？時には苦戦していることもあるだろう。そんなときはたいてい計画や評価をやめ、ＷＡＭに参加しなくなっている。本来とるべき行動とは正反対の行動だ。週間ルーティンは続けることがとても重要だ。あなたのリーダーシップと励ましが必要になるのは、このときだ。最低でも月に一度の個別面談を予定し、彼らの計画と評価をしっかりチェックしよう。

場合によっては彼らのＷＡＭに参加して、指導と激励を与えてもいい。そのときは、常にポジティブでいるようにしよう。早い段階でメンバーの成功に気づいて祝福し、行動を促すことに焦点を合わせるのだ。

よくある落とし穴

あなたの成功を奪う、これらの落とし穴にはまらないよう注意しよう。

落とし穴❶　週間計画を立てない

早いスタートを切れば勢いがつき、その週はずっと、より生産的に動けるようになる。月曜日というのはたいてい気が重く、始まった瞬間から後れを感じることもある。メールや留守番電話など、すでに待ち受けていることに飛びついてしまう。加えて、時間が経つにつれて他の案件が持ち上がったり、ネガティブな思考が生まれたりして、週間計画の作成が進まなくなる。次のような思考も、スピードを下げる原因になる。

- **計画を作る時間がない**――今は忙しすぎるからあとでやろうと思っても、その「あと」は絶対にやってこない。
- **計画など必要ない**――自分は1週間の行動計画などいらない人間だという誤った思い

込み。時間はあっという間に消え去っていく！

- **自分はもっとレベルが高い**――週間計画は初心者向けで、自分はもっと上のレベルだから必要ないという考え。
- **すでにわかっている**――やるべきことはすでにわかっているのだから、計画を練ったり、わざわざ紙に書き出したりすることには意味がないという考え。
- **責任を負いたくない**――紙に書かれた計画を実行することに、ある種の不快感を覚える人もいる。なぜなら、やらなければいけないことができていないという事実を、絶えず意識させられるからだ。

落とし穴❷　1週間にすべての作業を詰め込む

週間計画はすべての業務を入れるものではなく、12週間計画から抜き出した戦術だけを入れる。やるべき項目と雑務は別々の紙に書き出したほうがいい。日々行う雑務まで詰め込んで計画を薄めないこと。週間計画に加えるのは、戦略とコミットメントのみだ。

落とし穴❸　どの週も同じ計画で済ませる

多くの人が陥る過ちのひとつが、どの週にも同じ活動があるので、週間計画を立てたらそれを繰り返せばいい、と思ってしまうことだ。たしかに毎週同じにしか思えないこともあるだろうが、活動の期限がまったく同じということはあまりない。もしあなたが稀に見る例外だったとしても、翌週の計画に5～10分の時間を費やすことで、大きな利益を生み出すことになる。

落とし穴❹　毎週、戦術をいくつか追加する

週間計画とは、基本的に12週間計画を12分の1にしたものであることを忘れないでほしい。ときどき戦術を追加するのはいいが、あまり頻繁にしないほうがいい。新しい戦術は最初に12週間計画に入れるべきであり、そこから週間計画に落とし込む。そうすることで、取り立てて戦略的でない緊急の案件に振り回されることを防げる。

落とし穴❺　計画を1日の指針として活用しない

いったん週間計画を作成したら、目標達成に向けた重要な行動を続けていくために、毎日活用したいと思うだろう。そのためには、まず朝一番に週間計画を確認し、家に帰

るまでに1、2回は目を通そう。週間計画に従って1日の行動を起こせるようになれば、真のブレイクスルーを体験し始めるだろう。

落とし穴❻　習慣化しない

人間は習慣の生き物だ。習慣は、着実に成功するためにとても重要だ。週間ルーティンを今すぐ取り入れると決意しよう。

15 評価

KEEPING SCORE

評価は実行を促進させ、現実的な指標となる。本当に効果的な評価は、情報のある意志決定に必要な全体的なフィードバックを得られるように、実行値と目標値が組み合わさっている。効果的に実行できているかどうかを知るには、フィードバックを繰り返すことが欠かせない。

アダム・ブラックは、日々のシンプルな評価システムが結果に大きく影響したと語る。

12週間チャレンジをビジネスパートナーから教えてもらったのは2011年の終わりで、まさに絶好のタイミングだった。本を何度か読んだあと、このシステムは間違いなく私にぴったりだと思った。

私は典型的なタイプA人間で、押しが強く積極的だが、ときどき細かいミスをする。ところが12週間チャレンジを取り入れると、テンポを落とすことができ、長期的な目標を達成するために必要な12週間の目標を体系的に捉えられるようになったのだ。12週間チャレンジの利点は、数値の変化に合わせて計画を調整できることだった。

最も価値の高いタスクに集中し続けられるよう、私は視覚的に進捗がわかるシンプルな12週間カレンダーを作成した。カレンダーには主要な実行値と目標値を毎日記録した。今では毎晩家に帰ると、自分は12週間目標のどの位置にいるかがすぐにわかる。これらの指標と目標とを紐づけたことで、売上高と販売数は65％増加した！ 会社のトッププロデューサーの資格要件を満たし、その褒賞として旅行を受け取った。

12週間チャレンジが私のビジネスに革命をもたらしたと言っても過言ではない。このシステムのおかげで、目標達成がとても楽になった。1年間の目標を到達しなければと、年末に慌てる必要もなくなった。12週間チャレンジは、まさに私の人生を豊かにしてくれた。おかげで目標を達成し、家族を養うことができ、仕事以外の好きなことに時間を費やすことができている。

アダムが気づいたように、効果的な評価は複雑なものである必要はなく、それよりもタイミングが大切だ。

15
評価

5章でも説明したとおり、最高の評価システムには実行値と目標値を測定する必要がある。目標値は最終的な結果であり、12週間の目標が最終的な目標値だ。進捗状況の追跡は、目標値を追跡することになる。初期段階で発生する実行値は、目標値を達成させるために必要な評価となる。たいていの人は目標値の追跡はうまいが、評価が向上する機会がはるかに大きいのは実行値のほうだ。

あなたの目標の実行値は何だろうか？　たとえば5キロの減量が目標だとすると、12週間の最終的な結果が5キロ減なので、マイナス5キロした体重が目標値だ。この場合の良い実行値となるのは、1日や1週間の摂取カロリーだろう。他には、毎週行うトレーニングの数値、たとえばジョギングの距離や泳ぐ距離、トレーニングマシンで運動する時間、といったものになるだろう。どの指標を使うにせよ、毎週の進捗状況を欠かさず追跡して記録しよう！

一般的に言って、四半期ごとの評価のほうが1年間での評価より効果的であるように、評価は頻度が高いほど役に立つ。年間の評価では、フィードバックは12カ月に1回しか得られない。これまで以上の成果を出したいと思っても、年に一度しか評価しなければ、実行が生産的かどうかを判断できるフィードバックが、1年間はまったく得られないことになる。それと同じく、月単位の評価は四半期ごとの評価よりすぐれている。さらにフィードバックを得られるからだ。1週間は1カ月より、1日は1週間よりもすぐれている。

すでに12週間の目標を設定して計画を立てているので、次は、各目標の実行値と目標値の設定だ。12週間チャレンジでは12週間の目標を設定しているので、実行値も、長くても12週間を超えないものである必要がある。1カ月、1週間、1日の実行値を決めるといいだろう。もし目標と計画がまだなら、実行値と目標値を考えるのは目標と計画を先に終えてからにしよう。

毎週、必ず評価することを忘れないように。エクセルやワードの表、私たちのサイトにある「Key Measures」などを使って進捗を記録し、常に確認しよう。何を使うにしても、行動を評価する時間を毎週欠かさずとることが大切だ。ここでも「Achieve!」に掲載されている週間スコア表のサンプルを掲載しておこう。「Freehand」を使用しても、週間スコア表を簡単に作ることができる。

いずれにせよ、毎週評価するのは計画された戦術の行動であって、結果ではない。結果がどうであれ、前週に完了した戦術をチェックしたりカウントしたりするだけでいい。パートIでも説明したとおり、最も効果的な実行値とは、各週の実行を評価した数値だ。実行を評価することが、とても重要なのだ。週間計画に書かれたことを85%実行できれば、12週間の目標を達成する確率は高くなる。

再び、私の健康に関する目標を例にしよう。目標は12週間で5キロの減量で、計画に含まれた戦術はこのようなものだった。

５週目の達成チェック

1000万円の新たな取引を成立させる
☑~~１週間で最低５人の見込み客に電話し、最低でも週に３回の会議を入れる~~
☑~~１週間で最低２回、新規顧客のアポをとる~~
☑~~新取引に向けて毎週、見込み客をフォローする~~
☐結果を毎週評価し、計画変更の必要性を検討する

体重を５キロ減らす
☑~~１日の摂取カロリーを1200キロカロリー以内に抑える~~
☑~~最低でも週３回、有酸素運動を20分行う~~
☑~~毎日最低６杯の水を飲む~~
☐週に３回、ウエイトトレーニングをする

キャロルとの関係を改善する
☑~~週に１回、子ども抜きで夜にデートする~~

- 週に3回、有酸素運動を20分行う
- 週に3回、ウエイトトレーニングを行う
- 毎日最低6杯の水を飲む
- 1日の摂取カロリーを1200キロカロリー以内に抑える

私は評価の一環として、毎週体重をチェックしている。体重は目標値なので、実行したことも評価している。この場合、パーセンテージでスコアを出すには、完了した戦術の数を数える必要がある。「Achieve!」では、それが自動でできる。4つの戦術のうち3つを完了したということは、実行達成率は75%だ。

結果の評価と実行の評価は別々に行う。私の例で言うと、体重は今週1キロ落ちたが、実行の達成率は75%だ。結果は目標値なので、体重と達成

率の両方に注意を払わなければならない。すると、体重が1キロ減っても、実行という観点から見れば良い1週間ではなかったことになる。このことからわかるのは、翌週はもっと達成率を上げなければ、思ったように体重が落ちないということだ。

思考の転換

ほとんどの人にとって思考を大きく変える必要があり、しかも、それは2つの面で必要となる。

ひとつは、評価を受け入れず敬遠するのではなく、そうならないよう思考を変えることだ。たしかに評価は冷酷で思いやりがなく、時には非常に厳しいものになるだろう。努力はなかったことになり、中断や障害があったとしても、どんな言い訳も一切通用しない。だが、最終的に評価は有益で必要なものとなる。評価しなければ、前進できているかどうかを知る術がない。調整することで生産的になるのかどうかもわからない。評価がなければ目標達成が現実的に不可能になるのだ。

もうひとつの思考の転換は、結果よりも行動を重視することだ。あなたがしっかりとコントロールできるのは、結果ではなく行動だということを覚えておこう。結果は行動によって決まる。週間計画と週間スコア表は、行動に焦点を合わせている。スコア表は、あなたがやると言ったことが目標達成に最も重要なものだったかどうかを評価する。その結果、週間スコア表は、あなたの未来を最も正確に予測する。もし毎日、毎週、重要な行動を忠実に実行し続ければ、必ず結果は出る。だからこそ、結果よりも日々の行動が大切なのだ。スコア表では結果ではなく実行だけを評価するのは、そのためだ。

チームで活用するなら

あなたがチームのリーダーやマネジャーであれば、あなたが評価をどのように捉え、どのように取り入れるかによって、チームの生産性や結果に多大な影響を与える。

評価は責任だと考えているマネジャーがあまりにも多いが、この考えはさまざまな障害を生み出し、好結果の妨げとなる。マネジャーがこのように考えていると、部下がマイナスの結果を生み出す原因になりがちだ。なぜなら、マネジャーが評価を責任システムと捉えれば、責任を課すために評価とマイナスの結果を利用してしまうからだ。そうなると、従業員や部下はたちまち評価を、そしてマネジャーを避ける方法を身につける。

あなたが評価をマイナスの結果を生む原因にすればするほど、チームは評価を避けるだけでなく、あからさまに抵抗を示すことすらある。評価とは責任を課すことではなく、単なるフィードバックだ。評価をより効果的に活用するには、障害や進捗、成功を特定するためのフィードバックの仕組みにする必要がある。そうすることで、マイナスの結果から引き起こされた損害や抵抗なしに、現実と障害に向き合えるようになる。

理想は、本人が評価を行うことだ。もし彼らが評価や集計をあなたに頼っているとしたら、それは目標を自分のものと考えていないことが原因だ。もし本当に目標にコミットし、必ず達成すると強く望んでいたら、自分で進捗を確認したいのではないだろうか？　部下たちが自分なりの指標で評価・追跡していれば、目標が自分のものだという意識を持っている証しだ。

チームで12週間チャレンジを行っていると、各自が主要な評価方法を構築しているか、実行値と目標値、それらを記録して確認することにコミットしているかどうか、チェックしたくなるだろう。長いチェックリストを作る必要はないが、各自で有益なフィードバックが得られる判定基準があればいい。

また、12週間チャレンジを行っているメンバーに対して、あなたは彼らを指導できる基準を持っている。より良い成果とさらに一貫し成果に向けて彼らを効果的に指導するために必要なものは、12週間チャレンジですべて手に入るのだ。

そのひとつが、週間スコア表だ。管理者として、あなたは彼らがどのようにして毎週評価しているかを知りたいだろう。個人の計画を詳しく知らなくても、スコアを通して目標達成の可能性を知ることができる。あなたも今では、彼らのスコアを確認することで、誰が危険な状態にいるのか、すぐにわかる。もし達成率60％以下の週が一度でもあるとしたら、その部下には助けが必要かもしれない。1回の評価が12週間チャレンジの成功や失敗を決定するわけではないが、目標を達成する可能性を維持するためには、何らかの助けが必要な赤信号状態であることは間違いないだろう。

よくある落とし穴

指標を決定して追跡を始めたときに陥りやすい落とし穴には、次のようなものがある。

落とし穴❶　評価は複雑、もしくは重要ではないと考える

非常に多くの人が評価を避けるために「私は数字に弱いタイプ」だという言い訳をする。あなたはこの言い訳をしてはならない。もしベストを尽くして目標を達成するつもりなら、評価は必ず必要だ。

落とし穴❷　評価に必要な時間を作らない

週の終わりか月曜の朝一番に、実行を評価し、値を確認し、週間計画を立てる時間を確保すると決めよう。たいていは10～15分で十分だ。

落とし穴❸　評価がかんばしくないとそこで止める

2週連続でスコアが低いと、そこで投げ出してしまう人が実に多い。がっかりする週があったとしても、毎週評価を行い、昔の自分に戻らない勇気を持とう。

成功のヒント

成功のヒント❶　評価は少人数のグループで行う

調査によると、計画を実行するときにチームの力を活用すると、普通以上に成果が上がるそうだ。前章のWAMの項目をもう一度読んでみよう。

成功のヒント❷　毎週進歩する

1週間でスコアを45%から85%に上げることはできないかもしれないが、45%から55%、もしくは60%なら可能だろう。とにかく進歩させることに集中しよう。目標は各週の実行レベルを上げるために役立つ。達成率が上がるということは、目標達成へ向けた良い兆候だ。

成功のヒント❸　85%以下でも決して悪くないと覚えておく

スコアが65%でも、過去の12週間から考えると、よくなっているかもしれない。たとえ65%であっても、結果を見れば以前より改善されていることがわかるはずだ。自分に問いかけるべき質問はこうだ。「65%のスコアは、12週間の目標達成に十分なスコアだろうか?」

成功のヒント❹ 結果に向き合うことを恐れない

現実に向き合おうとしなければ、変化は決して起こらない。実行値を追跡すれば、成果が上がらない根本原因を特定することができる。結果が出ないとき、原因が実行にあるのか計画にあるのかを特定する必要がある。原因を知ることで非常に大きな違いが生まれるが、原因を確実に知るには結果と実行の両方を評価する以外に方法はない。

16 1日の支配権を取り戻す

TAKE BACK CONTROL OF YOUR DAY

多くのクライアントが、もっとできるはずなのにできないときによく口にする障壁のひとつが、時間が足りないことだ。時間の欠如はよくあるので、非常に現実的なことのように思えるが、真の障壁を隠していることも多い。実のところ、あなたを成功から遠ざけているのはたいてい時間の欠如ではなく、時間の割り当て方の問題だ。これは言葉のアヤのように聞こえるかもしれないが、重要な違いがある。

ここに、時間を区切ることでうまくバランスを取ったアネット・バチスタの勇気づけられる話がある。彼女は今でも重要なことをうまくこなしている。

12週間チャレンジの本を読んだのは、もう2年近く前のこと。貪るように読み、家のことだけでなく、プライベートや仕事にまでこのルールを適用した。私の12週間の目標は、成績優秀者に贈られる年間賞を取ることと、子どもの自宅学習を開始することだった。これを行うためには、良い計画が必要だった。

私は福祉カウンセラーで、クライアントに医療給付について教えるのが仕事だ。クライアントやその子どもたちの医療計画や医師を選択する手伝いをするのだ。目標を達成するには、毎月６５０本の電話をかけ、１００回の家庭訪問をしなければならない。さらに、地域の窓口業者にプレゼンを行い、健康に関するイベントや地域の会合にも参加し、毎月最低15の地域団体と連絡を取り、そのうち8件は直接話をしなければならなかった。私の担当エリアは２つの郡にまたがる6カ所の郵便番号の地域だ。

これらを全部こなすにはどうすればいいのだろう、と私は不安になった。しっかりと着実に行くべきところに到達するには、毎日何をしたらいいのだろうか？　私の仕事は大変だが、やりがいもある。ただ私は主婦でもあり、母でもあり、祖母でもあった。すべてをこなすには、ちゃんと計画を立てて意図的に行動することが重要だ。

目標達成に効果的だったのは、時間を区切ることだった。雑用タイムには毎朝7時半～8時半の1時間を割り当て、メールをチェックして同僚たちに励ましのメッセージを送り、それから重要度順に連絡先リストを並べ替えて優先順位をつけた。

その後、主要な行動に割り当てている時間に移る。毎日8時半～12時半の4時間は、電話をかけたり訪問したりする時間だ。この時間帯はとてもきつい仕事をこなすのに役立った。時間を切り分けるとスムーズにいくため、火曜日にはすでに、その週の連絡先リストに電話を終えている。たいてい毎月、予定の1、2週間前にはすべて連絡を終えていた。

次は休息タイムだ。毎日昼食後は、きっちりと3時間、自宅学習に充てる。教えている間は、私にとっては仕事から離れられる休憩時間だ。私は教えるのが好きだし、息子も勉強を楽しんでいる。休息タイムに聖書、言語、科学、数学、歴史、地理などさまざまな科目を教えるのは、いろいろなことに意識を向けられて、とてもいい。どれも非日常的で退屈しない。

自宅学習が終わると再び雑用タイムに移り、何本かの電話を済ませ、その日のデータ入力を終え、最後にもう一度メールをチェックして、翌日に持ち越した重要な案件はないかを確認してから1日を終える。

12週間チャレンジの時間の区切り方を活用したことで、前倒しで仕事を進めることができるようになり、2週間前に終えていることもある。休暇を楽しめるのも、仕事に戻ったときに保留中の案件や未完了の仕事が残っていないとわかっているからだ。

私は自分の計画を自分のものにしている。自分の能力を最大に発揮すると自分で選択したのだ。その結果、上司や管理者だけでなく、同僚や家族、友人からも尊敬を集めた。

そして、福祉カウンセラー年間賞を受賞した。しかも、2年連続で。これまでなら絶対できなかったことだ。プライベートでは、夫と経済面で12週間チャレンジに取り組み、翌年までに住宅ローン以外の借金をすべて完済すると決めた。普通なら18～36カ月かかることを、12カ月で終える予定だ。

時間を効果的に使えるかどうかが、平凡な結果で終わるか、すばらしい成果を残せるかの違いを生む。問題は、世の中は気を散らされるようなことが蔓延していて、1日中そうしたことが起こり続けることだ。マイクロソフト・リサーチのエリック・ホロビッツとイリノイ大学のシャムシー・イクボールがマイクロソフト社で行った研究によると、メールやショートメッセージなどで思考を使った仕事を中断されると、一般的な従業員は元の仕事に戻るまでに平均15分かかっていた。

さらに、調査会社Ｂａｓｅｘが２００５年に発表した時間の使い方に関する記事によると、仕事をしている時間のうち平均して28％が、仕事の中断や、その後で元の仕事に戻るために費やされている。１週間の仕事の時間を40時間とすると、実に11時間だ！

時間の使い方を意識的に選択することが、結果的にあなたの人生を作る。政治や文化、芸術、科学、宗教など、どんな分野であれ、偉大な人々に与えられていた時間は、あなたと変わらない。違いを生むのは、時間の使い方だ。物事の停滞は、この瞬間のあなたの選択にかかっている。多くの人は、短期的な利益を増やし、短期的な損失を最小限に抑える選択をしている。

2011年の調査によると、一般的なアメリカ人は1日に2・8時間もテレビを見ているそうだ。これは人生の12％の時間だ。しかも、スマートフォンやタブレットといった新しい娯楽端末に触れている時間は含まれていない。私たちはよく仕事から離れてリラックスするためにテレビを見る。その理由のひとつは、楽だからだ。チャンネルを変える以外、何もしなくていい。ただ、テレビには有益な面もあるだろうが、有意義な人生を送る手助けになるものではない。

時には選択したことが明らかに、ソファに座ってテレビを見るような価値の低いものではないことがある。その中にはあなたを多忙にさせるようなものがあるかもしれないが、実際は、それより重要な、あるいはもっと難しい行動を避けたくて、その行動を選択していることもある。この傾向はいたるところに現れる。メールやメッセージは送るが、もっと実りはあっても難しい活動、たとえばセールスの電話をかけたり、運動をしたり、困難な人間関係に対処したりといったことはしない。

余暇を楽しみ、好きなことをするのは、適度ならば健全であることは間違いないが、快適な選択ばかりしていると、本来の可能性をはるかに下回った人生を築くことにしかならない。楽なことばかりに時間を費やしていると必然的に物事は遅れ、目標達成はできなくなる。ラルフ・ウォルドー・エマソンは言っている。「最終的には誰もが結果という宴席に座る」

健康になるにしても、豊かな収入を得るにしても、不快感は付き物で、どんな分野であれ偉大になるには代償が付き物だ。望むことを達成するためには犠牲を伴う。そして、何よりも犠牲を払うべきは、快適さである。

偉大な自分になるには、最もすばらしい機会に時間を割り当てる選択をしなければならない。最大の利益をもたらす難しい活動に時間を費やすと決めなければならない。意識的に生きる必要があるのだ。そのためには何が重要かを明確にし、気を逸らされることにはノーという勇気が必要だ。自分の得意でないことや目標達成に役立たないことは、人に任せるなり排除するなりして、意識的に時間を確保しなければならない。

これまでに培ったり磨いたりした才能があるということは、必ず強みと弱みがある。その強みと弱みを合わせれば、望む結果を生み出す能力に影響を与えることができる。だがほとんどの人は、弱みをなくすことにかなりの時間とエネルギーを費やす。一般的には、結果に制限をかけるような弱みを減らそうと努力することには価値があり、立派な行いだ。誰しも成功のためには克服すべき弱点がある。だが、弱みが強みに変わることはまずない。もしも強みを発揮したり伸ばしたりできないのであれば、いるべき世界を間違えているのかもしれない。

すばらしい成果を生み出すには、得意な分野に的を絞って、あなたの強みを生かすべきだ。成功している人は強みを発揮している。極めてすぐれたパフォーマーは、人より一歩秀でた、私たちが「特技」と呼んでいる強みを生かしているのだ。特技とは1つか2つの得意なことであり、自分が楽しくできることでもある。あなたが気づいているかどうかはともかく、特技は最大の成功と人生の喜びを担っている。

最高の自分になるためには、時間と行動を、あなたの強みと特技に意識的に合わせなければならない。そうすることで、かつて味わったことがないほどの結果と満足感を体験するだろう。

このすばらしい結果を達成するには、緊急性はなくても、重要な戦略的行動に時間を使うことが必要だ。戦略的な行動はすぐにはお金を生まないが、将来的には大きな利益を生み出す。強みに焦点を合わせることで、気を逸らされるものを制限し、実りの少ない行動を最小限に抑えよう。

パフォーマンス・タイム

効果的な時間の使い方は12週間チャレンジの5つの規律のうちの1つだ。他の4つの規律（ビジョン、計画、プロセス管理、評価）との組み合わせが、実績のある12週間チャレンジの実行システムの一部となっている。

私たちが人生で成し遂げることは何であれ、時間の流れの中で起きている。重要なことが完了するのは、あなたがそれに時間を割り当てたときだけだ。最も重要なことに時間を使う能力が成功の基礎となる。

パフォーマンス・タイムは簡単に使える時間管理システムで、これを使うと仕事でもプライベートでも、まるでCEOのように最も貴重な資源、つまり時間を意図的に使うことができるようになる。コミットメントとパフォーマンス・タイムを使う能力は、個人的なリーダーシップの表れだ。意図して時間を効率的に使えば、あなたは周囲の誰よりもすぐれたリーダーとなり、ビジネスでもプライベートでも成功へのスピードが加速する。

6章でも述べたように、効果的に時間を活用するには、基礎となる3つの時間帯がある。戦略タイムと雑用タイム、休息タイムだ。それぞれ、主要な行動をより効果的に行えるようにできている。

戦略タイムは3時間で、もし邪魔が入ったりキャンセルになったりしても予定を変更できるように、週の初めにもってくる必要がある。この時間は日常業務をこなす時間ではなく、計画に基づいた行動を起こす時間だ。そのため、日常業務が最も少ないときに割り当てるほうがいいが、週に一度で十分だ。

雑用タイムは重要度の低い活動を行う時間で、通常は30分~1時間を、日に1、2回割り当てる。だが実際は、メールや電話、中断、雑事など、あなたがいつもやるべきことの量によって変わってくる。

休息タイムは疲労を防ぎ、より自由な時間を作るための時間だ。3時間を週に1度、12週間チャレンジがうまくいった後に割り当てる。だが、すべてが順調にいき、実行もうまくできるようになるまでは、月1回にすることをおすすめする。

この3つに加え、他の重要な行動を起こすための時間も組み込んでいこう。

1週間のモデルプラン

時間を効果的に配分するには、生産性の高いプラン、つまり1週間のモデルプランを作成することが役立つ。次のエクササイズでは、パフォーマンス・タイムを使って、主要な行動を行う計画を作ってみよう。最も生産性の上がる週をモデルプランとして設定し、実際のスケジュールを、そのモデルプランに合わせて調整していく。このように時間を割り当てることで、あなたの望む成功を生み出せるようになる。

モデルプランでは、重要度の低い活動を取り除こうとはしない。それではあまりうまくいかないからだ。代わりに、価値が高い、あるいは利益の多い活動に集中できるように、各週の時間を刻もう。もし12週間計画があるなら、利益の多い活動はすでに計画の中に入っている行動だ。

初めは戦略タイムを作り、次に雑用タイム、最後は休息タイムだ。それが終わったら、各週で行うべき他の重要な行動をする時間を決めていく。

それでは始めよう。左ページのテンプレートを使って、次の5つのステップを完了させてほしい。

- 前週の評価とその週の計画を立てるための時間を15分、月曜日の朝一番に割り当てる
- 3時間の戦略タイムを割り当てる
- 月曜日から金曜日まで毎日1、2回の雑用タイムを割り当てる。通常は午前中と1日の終わり（例：11～12時と16～17時）だが、個々の雑事の量によって時間は変動する
- 休息タイムを割り当てる
- 他の重要な行動をすべて予定に組み込む
  - ・顧客や見込み客のアポイントメント
  - ・立席会議
  - ・マーケティングとセールス

	日曜日	月曜日	火曜日	水曜日	木曜日	金曜日	土曜日
7:00 am							
8:00 am							
9:00 am							
10:00 am							
11:00 am							
12:00 pm							
1:00 pm							
2:00 pm							
3:00 pm							
4:00 pm							
5:00 pm							
6:00 pm							
7:00 pm							

・計画作成
・必要な管理と運用業務
・顧客との打ち合わせやカスターマーサービスの準備
・プロジェクト作業
・紹介者とのランチ
・1対1の面談
・個人的な作業

最初はほとんど時間が残っていないように思えるだろう。たしかにそうかもしれないが、もしちゃんと作成できたら、重要な活動はすべて入っているはずだ。予定に組み込んだタスクはどれも、ビジョンを達成し、あなたの仕事を次のレベルに引き上げるために役立つものになっている。大切なのは、実際に行動を起こす前に、紙に書き出して考えること。まず紙の上で考えないと、それが実際にうまくいくかどうかを知る方法がなくなる。

結局のところ、すべては時の流れの中で起こっている。時間をコントロールできなければ、結果をコントロールすることはできない。個人の能力とは意図なのだ。

パフォーマンス・タイムの活動

以下に挙げるのは、戦略タイムと雑用タイムにおすすめの活動だ。これらの活動は、パフォーマンス・タイムをより有効に活用するために役立つだろう。

- **戦略タイム**（3時間）
- ・ビジョンと再びつながる（5〜10分）――ビジョンを思い出し、進捗を確認する。前進しているだろうか？　進歩しているだろうか？　ビジョンとの感情的なつながりはまだあるだろうか？
- ・12週間を見直す（10〜15分）――評価方法を再検討する。目標に対して、結果がどうなっているかを確認する。1週間の実行スコアと、実行値、目標値を確認する。高い確率で実行でき、成果が出ているだろうか？　もし成果が出ていないとしたら、改善するために今週できることは何だろうか？

・停滞を確認する（10～20分）――停滞していることはないだろうか？　もしあれば、根本的な原因は何だろうか？　計画を調整するか、もっとうまく実行する必要があるだろうか？
・計画された戦術を行う（2～2・5時間）――この時間を使って12週間計画の戦術を完了しよう。
・その他の活動例：本を読む、オンラインの講座を受ける、次の12週間を計画する（たいていは12週目か13週目で行う）

・**雑用タイム**（30～60分）
・メールチェックとその返信
・留守番電話を聞いて、必要があれば折り返す
・必要な電話をかける
・TODOリストの項目を行う
・スタッフと短い会議を行い、質問に答えたり、計画のフォローを行ったりする
・作業中の項目と完了した項目を整理し、ファイルに綴じる
・新たに加えたTODOリストの項目を特定し、記録する

これらはあくまでもサンプルだが、戦略タイムと雑用タイムにどのようなことを行うかわかっただろう。戦略タイムは重要で利益の大きい活動を行い、雑用タイムは重要度が低くてあわただしい作業をこなす時間だ。

パフォーマンス・タイムは、各週の時間を切り分ける独特のシステムだ。これは最も重要なことに時間を割り当てる手助けとなる。最も重要なことを継続的にやり続けることができたら、人生や仕事において何が変わるだろうか？　今から12週間後、あなたはどの地点にいるだろうか？　今から3年後は？　パフォーマンス・タイムを取り入れてから1週間以内に結果が出始めるのはよくあることで、そうなると、これまで以上に時間をコントロールしている感覚が出てくるだろう。

思考の転換

時間の価値と有限性を考えると、ほとんどの人が思ったように有効に時間を使えていないことは興味深い。私たちのクライアントでも、機会が訪れたら収益を得たいという欲求は当然あるものの、見込み客や顧客の要望を満たそうと、何のためらいもなく計画を放棄する。それを繰り返しても、長期的な業績にはまったく影響を与えていない。実のところ、自分たちの未来を築くための時間が、他人の未来を築くために使われているのだ。

要するに、彼らは自分たちの時間よりも他人の時間に価値を置いているのだ。ブレイクスルーを起こすには、自分の時間は顧客の時間と、少なくとも同程度には重要だと考えなければならない。そうしなければビジネスをうまくやっていけないだけでなく、皮肉なことに、顧客サービスを向上させることもできない。

効果的な実行と時間の有効活用を妨げるもうひとつの信念は、すべて自分でできるという考えだ。もしあなたが、自分がもっと早くやれば、もっとがんばれば、もっと長く続ければ、すべて自分で何とかできると思っている人であれば、ムッとしながらも驚いていることだろう。だが数年前の調査によると、平均的な専門家には常時40時間分の未完了の仕事があるそうだ。

ひとりではすべてはこなせない、という単純な真実に気づくことが重要だ。もし気づかなければ、いずれは追いつく、そして最後は重要なことにたどり着くという誤った信念のもと、あなたはがむしゃらに走り続けなければならなくなる。日々持ち上がる緊急の案件に時間を取られ続け、ブレイクスルーを起こすために必要な、さらにはあなたの望む人生を手に入れるために必要な戦略を延期し続けることになるのだ。

緊急で価値の低い活動のために戦略を頻繁に先延ばしにしていると、すばらしい成果は絶対に達成できない。緊急のものを先に済ませれば、最終的に重要なことも済ませられる、という考えで仕事をしていると、戦略は到底達成できない。それではまるで、こう言っているようなものだ。「理想的な未来を作るのは明日からにしよう。いや来週、それとも来月からかな」。これは致命的な誤りだ。あなたがこれから経験する人生は今この瞬間に作られているのだ。

ブレイクスルーは徐々に起こるものではない。ブレイクスルーが結果として現れる前に、働き方に対する考え方を大きく変える必要がある。ブレイクスルーとは、ある人にとっては収入が20％増えることかもしれないし、別の人にとっては2倍の収益を上げることかもしれない。あるいは、もっと休暇を取りながら収入を維持することだと考える人もいるだろう。いずれにせよ、ブレイクスルーを起こすには、時間の割り当て方を変えるという意思が必要だ。

こんなふうに成果が向上するなら勇気づけられるが、現状ですでに限界を超えていたら、正直なところブレイクスルーを起こす時間などないと思うかもしれない。私たちのクライアントでも、他の人がすぐれた業績をあげられることはわかっても、自分にはできないと考えることがよくある。すでに懸命に働きすぎているので、利益を伸ばすためにもっと働くことが魅力的に思えないのだ。もしかすると、成功への恐れを抱えているのかもしれない。その恐れがこう言うのだ。「現在のやり方では、もっとすごい成功をもたらす活動に対処できない」

収入に比例して仕事の量が増えると考えるのは、一見すると当たり前のようだが、その考えはまさに、あなたが人生で望むものに制限をかけることになる。こう考えたら、どうだろうか？　年に100万ドル稼ぐ人は、年に10万ドル稼ぐ人の10倍働いているわけではない。実際には、10万ドルの人より働いていないこともある。なぜかと言えば、働き方が違うからだ。

時間の使い方を変えようとしないかぎり、ブレイクスルーは起こせない。違う結果を得たいなら、違うことを、違うやり方でやらなければならない。思考によってこの概念をごまかしてはいけない。最高の自分になるためには、戦略的に時間を割り当てる必要がある。利益の低い活動には、違うやり方を見つけなければならない。そして、リフレッシュして元気を取り戻す時間を確保しよう。

チームで活用するなら

マネジャーとしてのコミュニケーションと行動は、チームの文化に影響を与える。チームに最高の影響を与えたいなら、あなたの言葉と行動を一致させることが重要だ。

もしメンバーに意図的に時間を使ってほしいと思っているのであれば、まずあなたがそうしなければならない。パフォーマンス・タイムの3つの時間とチーム会議のような戦略的な活動、1対1の面談を盛り込んで1週間のモデルプランを作成し、毎週実行するとコミットしよう。

あなたがパフォーマンス・タイムを取り入れれば、チームだけでなく、自分の利益も生み出す可能性がある。チームのメンバーはあなたが時間を意図的に使っていることを知り、自分たちも同じことをしてみようという気になる。さらに、雑用タイムが毎日決まった時間にあれば、メンバーはいつあなたを捕まえればいいかがわかり、必要なときにあなたに話ができるという安心感が高まる。

金融サービス業をやっているクライアントのひとりは、パフォーマンス・タイムを取り入れて毎日同じ時間に雑用タイムを作ったところ、チームの業務が改善されていることに気づいた。表面的には経験にそぐわないことに思えたようだが、今では質問やチームとの会議に毎日1時間を割り当てているだけで、他の時間は計画した活動に集中している。彼とメンバーが気づいたのは、毎日同じ時間に彼を見つけられることの重要性だ。これまでのように、手が空いているかどうかわからずに彼を追っかけ回す必要がなくなったのだ。今では全員、彼をいつどこで見つけられるか知っているため、毎日の会議は1時間と限られていても、以前よりも高いレベルで業務をこなせるようになっている。

パフォーマンス・タイムを取り入れる3つめのメリットは、あなたがしっかりと取り組むことで、メンバーにパフォーマンス・タイムの活用を促す立場と経験を得られることだ。さらに、パフォーマンス・タイムをモデル化することで、メンバーの活用を高く評価できるようにもなる。彼らが戦略タイムを作ったなら、次からはその時間帯は邪魔しないようにしよう。

あなたとチームが達成することは、すべて時間の流れの中で起こる。明確な意図を持って時間を使おう！

よくある落とし穴

落とし穴❶　いつもどおり仕事を行う

古い時間配分の習慣のまま活動を行うことは、生産的ではない。元の習慣に戻るのは簡単だ。快適だし、大した労力もいらないからだ。だが、新しい結果を生むためには、恐怖や不完全さ、不快感を乗り越え、新しくてもっと生産的な習慣を作ろうと決めなければならない。

落とし穴❷　戦略タイムで一度にひとつのことに集中しない

並行作業を美徳とみなす人は多い。だが実際は、並行作業は全体的な生産性を下げ、結果を悪くする。ミシガン大学の脳・認知・行動研究所の所長、デイビッド・E・メイヤーによると、並行作業は効率を上げるどころか、かえってペースが落ち、ミスを増やしかねないという。優先事項を心の中へ押しやって新しい作業を先に行うと、優先事項を終えるために必要な時間が平均して25％も増加するそうだ。

落とし穴❸　気を散らすものを受け入れる

現代社会では、科学技術が混乱を招くことがある。気を散らされるものや避けるべきことが日々どんどん増えている。スマートフォンやSNS、インターネットによって、もっと価値のある活動から気を逸らされると、目標達成に影響する。適度な息抜き程度なら健全だが、時間を意図的に使わないと最大限の能力が発揮できなくなる。やるべき大切なことがあるときは、そうしたことから離れてひとりになるよう心がけよう。

落とし穴❹　忙しければ生産的だと思う

メールや留守番電話、メッセージ、雑事……と日々忙しくしていても、それらが人生にすばらしい結果をもたらしてくれることはあまりない。たしかに忙しいだろうが、それは生産的だろうか？　最も重要な活動を優先事項にし、それを終えてから他のことをやるようにしよう。

成功のヒント

成功のヒント❶　紙に計画を書き出してから実行する

12週間の目標に紐づいた計画を紙に書くことで、戦略より緊急案件にばかり時間を取られすぎる事態を防ぐことができる。週間計画に基づき、モデルプランに従って行動を起こすことで、成功に向かって進んでいくことができる。

成功のヒント❷　カレンダーにモデルプランを書き込む

モデルプランの時間割を、定期的な予定としてカレンダーに書き込もう。そうすることで、予定が重なることを防ぐことができる。時間の割り当てを変えることもあるだろうが、通常は変える必要はない。旅行に行くとか（私のように）、各週をルーティン化することが難しければ（私のように）、月曜日の朝に5分ほど時間を作り、1週間の予定がうまくこなせるように調整しよう。

17 責任感

TAKING OWNERSHIP

自分の行動の責任はとらず、失敗は人のせいにする。そんな人の話を聞いたことがあるだろう。失敗は親のせいであり、上司のせいであり、保守派やリベラル派のせいであり、タバコ会社のせいであり、ファストフード産業のせいであり、世の中の仕組みがおかしいせいだ。何てこった！　自分の失敗の原因は常に「誰か」や「何か」だ。私たちの文化は、こうした被害者意識をますます助長させている。法律制度ですらそうだ。今や、自分の選択に責任をとらず、誰かに責任をなすりつける人たちに報償が与えられる社会なのだ。

被害者意識を抱えている人は恩恵を受けているように見えるが、実はかなりの代償を払っている。被害者でいれば、成功は周囲の状況や人、出来事によって制限がかかる。状況の被害者で居続けるかぎり、人生には苦労が絶えず、他人は脅威となる。一方、責任を自分のものにすると、人生をコントロールし、運命を形作り、潜在能力を十分に発揮できるようになる。責任の本当の意味とは、自分の行動と結果を単に自分のものにするだけのことだ。成功している人は責任を負っている、というのは重要な事実だ。

責任を負うとは、自分を責めたり、他者を罰したりすることではない。単に結果に対する自分の役割を認めるという姿勢だ。失敗は責めるものではなく、むしろ、より良い結果を生み出すためにある。個人や組織が行動や結果を自分たちのものとしなければ、結果を変えたり改善したりすることはできない。自分の行動が結果に影響を与えることを受け入れれば、そのとき初めて、望む結果を生み出せるようになる。

責任を受け入れることで、自分の行動を弁護するのではなく、行動から学ぶことに意識が移る。失敗は最高の結果を出すまでのフィードバックに過ぎない。不利な状況や非協力的な人たちが成功の妨げになるわけではない。違うやり方で進めるからこそ、違う結果が訪れるのだ。

デニス・フェンテスは、その経験をこう語っている。

12週間チャレンジのセミナーを終えて家に戻ったとき、私はやる気にあふれ、仕事上で必要な変化を起こす心構えができていたので、早速取りかかった。

ところがシステムにログインできず、ようやくできるようになったのは10日後だった。

その頃には休暇が始まり、私はもとの古い「言い訳探し」の思考に戻っていた。まだ始めてもいないのに、すでに2週間も遅れていると感じていた。サイトにアクセスできなかったことや休暇、自分の仕事を正当化できる気分にさせてくれる慌ただしくて価値のない仕事など、たしかに非難すべき先は簡単に見つけることができた。

だが結局のところ、責任を負うということは、自分以外の誰かに責任をなすりつけることなく、目の前にいくら言い訳があったとしても、それを探さないことなのだ。

とは言っても、難しいことをやるときにそう考えるのは大変で、今の会社で働き始めて23年にもなるのに、そんなことはしなくてもいいのではないか、と言い聞かせようとする自分もいた。

それでも、必要な変化や、時には大きな痛みを伴う変化を起こすために、ツールを使う絶好の機会だ。日々の行動を変えなければ何も変わらないし、ビジョンを達成することもできないのだと、ようやく現実を受け止めることができた。

失敗も成功も、自分以外に責める人はいない。課題となるのは、今日行う小さなことが大事なのだと思い出させてくれる意識を保ち続けることだ。

思考を変える方法だけでなく、行動を変える方法というもっと重要なことを、私にもわかりやすく教えてもらえたことに感謝している。

これは一時的なものではない。この先もずっと行っていくライフスタイルの変化だ。

古い習慣は簡単に壊せるという幻想は抱いていない。だが12週間チャレンジによって、単に向上したいという欲望を抱くだけでなく、実際に向上するプロセスを経験することができた。

デニスはしっかりと理解している。価値のある努力に付き物の障害や挫折を、やるべきことができない理由、つまり言い訳にすることは簡単だ。時には言い訳が正当に思えるかもしれない。自分でコントロールできずに道を外れるような状況になったり、誰も本気で乗り越えてほしいとは思わないような克服しがたい障害が現れたりすることもあるかもしれない。

ダスティン・カーターは子どものころ、血液のめずらしい病気で病院に担ぎ込まれた。ところが、彼の命を救うには両手と両足を切断しなければいけなかった。想像できるだろうか? 私にはできない。これまで自分の試練を分かち合ってきたが、彼の試練とは比べ物にならない。目が覚めて両手両足がない恐怖は想像すらできない。自分を憐れまずにいられるだろうか? なんてツイていないのだと嘆かずにいられるだろうか? 自分を憐れむ理由のある人がいるとしたら、ダスティンだろう。

だが面白いことに、ダスティンもそう考えたが、長くは続かなかった。肉体的な試練に負けなかったばかりか、肉体的に人より勝ることを学んだのだ。ある日、目が覚めると両手両足がないことを想像し、あなたなら、その後の人生で何をするか考えてみてほしい。考えついた選択肢の中で、レスリングはおそらく上位には入っていないはずだ。だがダスティンは違った。彼が選んだのはレスリングだった。懸命に練習した末、ダスティンはすぐれたレスリング選手になった。肉体的な試練を乗り越えただけではない。完全に打ち勝ったのだ！　しかもその過程で、同じような境遇にいる大勢の人々にも刺激を与えた。

障害？　本当に？　ダスティンが乗り越えなければいけなかったものを考えたとき、自分を押し止めたものと比べて、私は自分が恥ずかしくなる。あなたはどうだろうか？　自分の道に障害として置いているものは何だろうか？　あなたが目標達成を阻む壁や障害としているものは何だろうか？　今こそ言い訳をやめ、その言い訳を、あなたと望む人生の間に立ちはだかる障害とすることを止めるときではないだろうか？

今のあなたの人生は、これまでのあなたの選択の結果だ。状況や育った環境、家族、学校、上司、政治家、何を非難してもいい。だが非難したところで、それらを変えることはできない。変えることができるのは、自分の反応だ。責任を負うことは簡単ではないし、時には非常に不快なこともある。だが、本気で目標を達成したいのなら、自分の状況に対して責任を持つ必要がある。

責任を持つとは、自分の外にあるものを見るのをやめることだ。何であれ、自分以外のものがあなたの望む人生、本来歩めるはずの人生を阻むことをやめさせよう。実のところ、親しいわずかな人以外は、あなたが成功しようとできなかろうと、まったく気にもしていない。あなたはどんな言い訳でもできる。だが言い訳したところで、世間は気にしていない。きつく聞こえるかもしれないが、それが現実だ。ひょっとすると少しばかり同情してもらえるかもしれないし、運が良ければビールの1杯くらいおごってもらえるかもしれないが、そんな程度だ。

自分の力を手放すと、あなたが望む成功は絶対に訪れない。目標達成を阻む言い訳は二度としないと、今すぐ決意しよう。

人生の主導権を握るための行動

ここでは今より責任を自覚し、望むものをもっと手に入れるためにできる4つのことを紹介する。

・**二度と被害者に戻らないと決意する**——自分の力を他者に委ね続けていると、すばらしい人生を手に入れることはできない。二度と被害者に戻らないと決意しよう。言い訳しながら平凡な人生に満足しているときは、それに気づけるようになろう。自分がコントロールできることに意識を合わせるのだ。責任を持つには、まず心の中でしっかり、そうすると決めること。行動はその次だ。ビジョンを生きるためには、自分の思考、行動、結果の主導権を握らなくてはならない。

- **自己憐憫をやめる**——自分を憐れんだところで何も生まれないどころか、あまりにひどいと鬱になる。物事が思いどおりにいかなくてがっかりしたり悲しんだりするのはかまわないが、長く引きずって自己憐憫にならないこと。思考と生きる姿勢を変えることを学ぼう。
- **進んで違う行動をとる**——これまでと違う結果を望むのであれば、違うことを違ったやり方でやる必要がある。私の友人で『売り込みからサービスへ（From Selling to Serving）』の著者であるルー・カサーラはこう言っている。「今持っていないものが欲しいなら、今やっていないことをやらなければならない」。行動は結果を変えるだけではない。生きる姿勢をも変える。挫けそうになったとき、最速で態度を変えられる方法は、行動することだ。
- **責任と仲良くなる**——「知恵のある者とともに歩む者は知恵を得る」という聖書の言葉がある。誰とともに歩むかは重要だ。被害者意識のある人や言い訳ばかりしている人とは距離を置くべきだ。そうした思考は命取りになる感染症のように扱い、自分の行動に責任を持っている人との関係を築こう。もし大切な人の中に言い訳ばかりする人がいたら、その人に良い影響を与えよう。この章を読ませ、あなたがお手本を見せるのだ。

「遅かれ早かれ、誰もが結果という宴席に座る」（ロバート・ルイス・スティーブンソン／小説家）

ここで数分間、人生と仕事においてもっと責任を持つためにできる行動を考えてみよう。

思考の転換

責任を持つには非常に大きな思考の変換が必要だ。これまで説明してきたように、私たちの社会は責任を結果とみなしている。だが責任は結果ではなく、主導権を握ることだ。周りの状況はコントロールできなくても自分の反応はコントロールできるという認識であり、選択の質が人生の質を決めるという理解であり、どんな状況でも常に必ず選択権は自分にあるという気づきだ。コントロールできない状況下での選択はあまり好ましくないかもしれないが、それでも自分で選択することはできる。これは大切な、そして勇気づけられる違いだ。
責任をどのように捉えるかは、あらゆることに影響を及ぼす。

チームで活用するなら

責任を持つことの長期的なメリットは明確だ。組織だけでなく個人的な面でも、より良い結果を生む、自分でコントロールする感覚を養う、ストレスを低減する、満足感を増大する、などが挙げられる。

あなたの会社全体が責任を良い形で受け入れるところを想像してみてほしい。責任はポジティブなものとみなされ、全員が進んで責任を持つことに同意するのだ。責任を課すのではなく、責任は単なる仕事の一部にすると考えてほしい。

リーダーは、責任は結果だという概念を覆す必要がある。私たちが一緒に仕事をしている組織はすべて、個々に責任を持たせることについて話し合っている。だが、責任は課されるものではなく、要求されるものでもなく、強要されるものでもない。実は自由から派生したものだ。リーダーが部下に責任を課そうとすると、部下は身構えてしまい、気づかないうちに被害者文化を作ってしまう。誰かに責任を課すと、課された側が結果や行動に自ら責任を持とうとする余地がなくなる。とても責任感が強い人であっても、責任を課されると抵抗するものだ。

人は自分が持っているものを人に与える。あなたがリーダーとしてやるべき主要な仕事は、最も重要なことに対する部下の責任感を育成することだ。あなたが部下に責任を課し続けているかぎり、責任感を育てることはできない。

部下たちと向き合うな、と言っているのではない。結果を考えるな、と言っているのでもない。結果には行動を決定する役割があるが、責任感がなければ自発的な努力は絶対に生まれない。部下が自ら責任を持とうとする余地を残しておくことが必要だ。

あなたの組織で責任感を養うためのヒントをいくつかお伝えしよう。

- **被害者意識の会話に気づく**――失敗が起こったとき、自分を含め、組織の中でどのような会話がなされているかに注意を払おう。まずは会話に焦点を合わせ、どんなことを話しているかに気づき、次に、これから違う結果を出すには何をするかに焦点を合わせる。結果は思考とダイレクトにつながっていることを忘れないでほしい。あなた自身が自分の行動と結果に責任を持っているとわかる考え方と言葉遣いを実践しよう。
- **手本を見せる**――行動は言葉より多くを語る。誰かに責任感を持たせたいなら、自分が行動で示すこと。自ら進んで責任を受け入れ、責任を持っても安全だというお手本を見せよう。

- **期待を明確にする**――責任感を持たせるには、期待を明確にするところから始まる。期待されているものを知ることが、個人や組織にとっての責任の基盤となる。個人に対しては、あなたがどんな結果を望んでいて、成功をどう判断するかを、かなり具体的に説明する必要がある。
- **人生から学ぶ**――人は誰でも過ちを犯す。常に望む成果が出るとは限らない。特に初めて挑戦するときは。だが失敗は情報の宝庫だ。失敗を、未来の結果を向上させるための価値あるフィードバックにしよう。学ぶまで何度でも同じことを繰り返すというすばらしい性質を、神は私たちに与えてくれている。
- **未来に焦点を合わせる**――責任を負うのは過去の結果ではなく、未来の結果に対してだ。私たちはよく過去を良かったか悪かったかで判断するが、過去は過去に過ぎない。非難を手放し、罪悪感を手放し、未来とより良い結果に焦点を合わせて前に進もう。

責任に対するあなたの考え方や信念が、自らの行動や組織の行動を決定づける。あなたの責任に対する捉え方が変われば、何が変わるだろうか？　自由を手に入れたメンバーと向き合えば、文化はどう変わるだろうか？　あなたの役割とチームとの関係はどう変わるだろうか？

リーダーであるあなたが責任に対する取り組みと考え方を変えることで、会話が変わり、関係性が変わり、結果が変わり、ひいては会社が変わるのだ！

よくある落とし穴と成功のヒント

落とし穴❶　相変わらず、責任を結果とみなしている

これからは、責任と結果は違うということを、しっかり認識しておく必要がある。責任は結果だと認識し続けていると、あなたの可能性を閉ざし、チームの働きにも大きく制限をかけることになる。紙にこう書いて壁に貼っておこう。「責任は結果ではない。主導権を握ることである」

落とし穴❷　自分の外に意識を向けている

自分がコントロールできないことで変化を期待するのは、大きな落とし穴だ。経済や会社、上司、配偶者など、「誰か」や「何か」が変わることを待つのは恐ろしく非生産

的でいらいらさせられる。

成功のヒント❶　現実を見る

「女性参政権の母」と呼ばれる社会運動家のエリザベス・キャディー・スタントンは、こう言っている。「真実だけが安心して立っていられる場所だ」。責任は現実を突きつける。あなたが完全に人生の主導権を握ると、自分にも他人にも、嘘が入る隙がなくなる。状況を変えることはできない。唯一あなたが向上するチャンスは、現実をしっかりと認識するところから始まる。

成功のヒント❷　コントロールできることに意識を向ける

最高の力を発揮するには、自分が変えられることだけに意識を向けることが重要だ。状況や他人を変えることはできない。変えられるのは、自分の思考と行動だけ。エネルギーを注ぐのは自分が変えられることにしよう。生産的な思考と行動を保ち続けるのだ。

18 12週間コミットメント

12 WEEK COMMITMENTS

ここに、友人のミック・ホワイトから受け取ったメールを引用する。

今日は私の36歳の誕生日です。それで、ずっと私の心の中にあったことをシェアしようと思います。

2年近く前（これは西暦であって、12週間チャレンジの暦ではありません）、私たちは12週間チャレンジのワークショップに参加しました。その後の2年間に、プライベートでも仕事でも、いろいろなことが起こりました。今日は、12週間チャレンジが私のプライベートにどれだけ影響を与えたかをお伝えしたいと思います。仕事については、いつも話しているので、すでに知っているでしょうから。

ワークショップ1日目の午後、コミットメントの概要とコミットメントを成功させる4つのカギを説明してもらいました。その4つとは、①強い願望、②意図的な行動、③損失の計算、④気分ではなくコミットメントに基づいた行動、です。私は自分が本当にコミットしたいものは何か考えました。コミットメントするのであれば、人生を変えるようなものにしたい。コミットしたいことを書きながら、こう思っていたことを覚えています。「誰にも見られませんように……ブライアンから『みんなに発表してくれ』と絶対に言われませんように」と。

私が書いたコミットメントは、月曜から金曜まで毎日、母に電話することでした。簡単でしょう？

母と私はいい関係を築いていました。母は私のいちばんのチアリーダーであり、私は母の支えでした。母のような女性はどこにもいません。２００９年９月30日から２０１１年６月11日まで、月曜から金曜は毎日、母に電話しました（週末は休みです）。電話をする時間を作るのが難しいときもありましたし、都合が悪いときもありました。白状すると、残念ながら負担に感じるときもありました。

でも、私にはわかっていました。私からの電話は、母にとってその日いちばんうれしいことだと。毎日私が電話をする度に、その時間が輝くのです。今振り返ってみれば、私にとっても１日のなかでいちばんうれしい時間でした。

２００９年10月1日にあのコミットメントを書いてから、88週間で４４０回以上も母と電話で話をしました。おかげで貴重なメッセージを留守番電話で受け取り、本当にたくさんのすばらしい思い出ができ、母と強い絆を作ることができました。

２０１１年6月11日金曜日、この日が母との最後の会話になりました。6月13日月曜日の朝、母は突然亡くなったのです。

私の12週間計画に、「月曜から金曜まで毎日、母に電話する」というコミットメントを書くことは、もうできません。母に電話をできたら……と願わない日はありません。特に誕生日には、母の声を聞けたらいいのにと思います。

コミットメントが私の人生を変えました。私は一生あなたに恩を感じることでしょう。今、私は新しい計画にコミットしています。それは、母がずっと私のことを、こういう人間だと思っていたような人間になれるようがんばることです。

このメッセージを読んで、一見簡単なコミットメントがここまで人生に深い影響を及ぼすことに驚いた。コミットメントを最後までやり遂げると、人生に最大の影響を与えたのは、実は最も些細なコミットメントだった、ということがある。12週間のコミットメントには、本当に人生を変える力があるのだ。

コミットメントの力

コミットメントは12週間チャレンジの3つの規律の2番目になる。アメリカンヘリテージ英英辞典第4版によれば、コミットメントとは「感情的もしくは知的に一連の行動や他者と結びついた状態」だ。望む結果を生むために特定の行動を取ると自らが決定することがコミットメントだ。

コミットメントは非常に強力で、未来の責任を映し出すとも言える。目標を達成するためにはどんなことをも厭わないと、あらかじめ決断するのだ。あなたが責任を持てば持つほど、コミットメントを達成しやすくなる。

コミットメント：感情的もしくは知的に一連の行動や他者と結びついた状態

私たちはみな、すでにコミットメントの力を経験している。目的や目標を定め、それを達成するには何でもすると決意したときだ。そのときのことを思い出してほしい。その目標を追いかけているとき、あなたはどんな気持ちだっただろうか？　目標を達成したときの気分はどうだっただろうか？　他の目標を達成できた自分の能力について、どう感じただろうか？　特に困難なことに直面したり、あきらめそうになったりしたとき、最終的な目標のビジョンはあなたの決断や行動にどう影響していただろうか？

私はコミットメントを2つに分けて考えている。ひとつは自分と交わすコミットメントで、もうひとつは人と交わすコミットメントだ。

個人のコミットメント

自分と交わすコミットメントは、ある特定の行動をすると自分に誓うことだ。継続的に運動することや、家族との時間を作ること、禁煙、1日に一定数のセールス電話をかける、などがあるだろう。これから数分間で、過去に達成できた2つの個人的なコミットメントを考えてみよう。

次に、それらのコミットメントをやり遂げたときのことを思い出そう。どんな気分だっただろうか？　やり遂げたことで、他のコミットメントを守ることが簡単になっただろうか？　どんなことがあってもやり遂げようとしたときの自分の能力を、どう思っただろうか？　思いついたことを書き出してみよう。

8章ではコミットメントがいかにパワフルかという話をしたが、誰にでもコミットメン

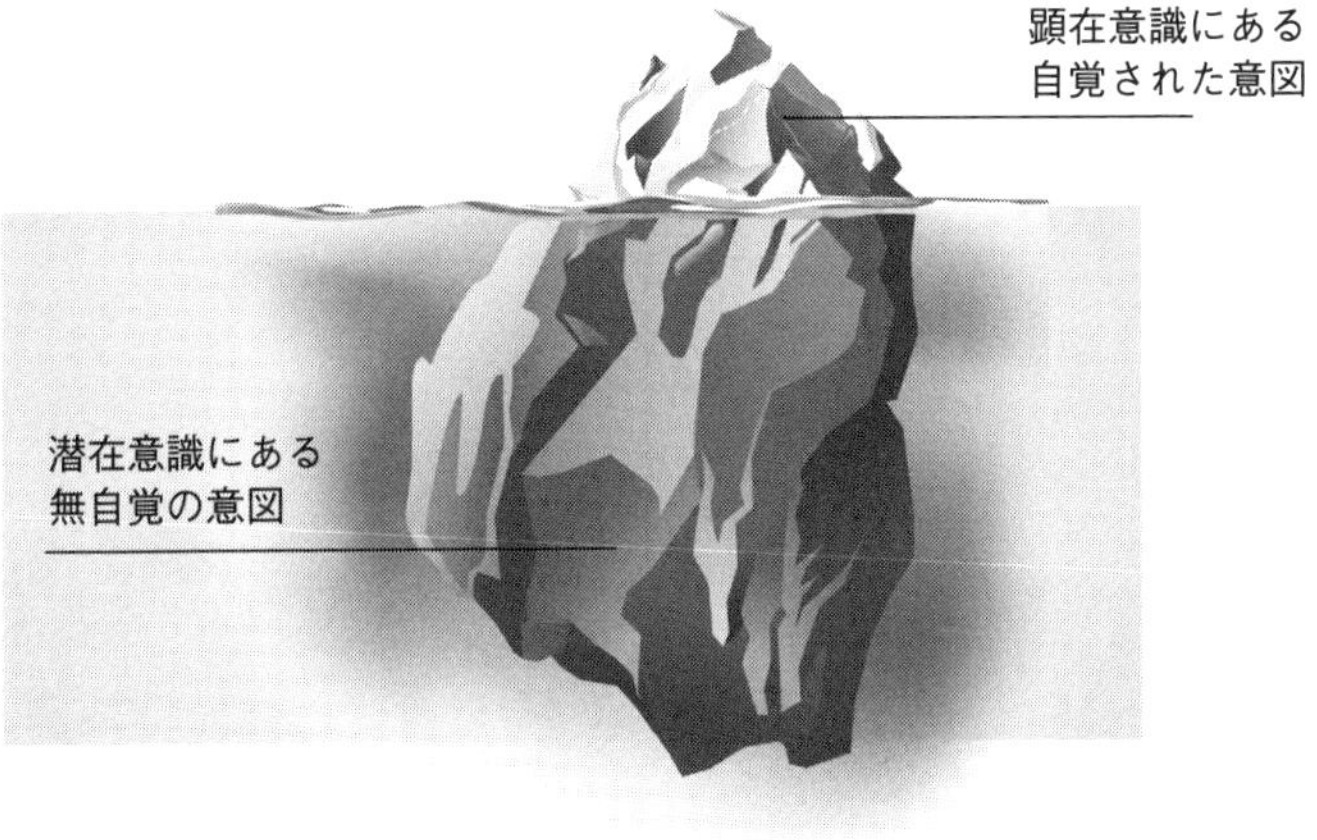

トを守り続けることが難しく感じるときがある。その格好の例は、新年の抱負だろう。実際のところ、ほとんどの新年の抱負は、目標が達成されるよりもはるか前にあきらめられている。その理由を考えるために、氷山で表してみよう。ご存じのように、海面から見えているのは氷山のごく一部（正確には10％）で、大半は海面の下に隠れている。私が言いたいのは、人間は氷山によく似ているということだ。意識の表面に出ているもの、つまり私たちが自覚している思考や感情、肉体的な感覚は、ほんの一部分でしかない。

氷山にたとえると、意図はどのあたりにあるだろうか？　水面の上だろうか？　下だろうか？　図を見ると、水面の上と下、両方にあることに気づくだろう。私たちには、自覚している意図と、自覚していない隠れた意図があるのだ。

これら2つの意図が衝突することがよくある。

新年の抱負に多いのが減量だ。私たちはよくワークショップで「自分の理想体重をオーバーしていると思っている人は?」という質問をするが、たいてい半数以上の人が手を挙げる。あなたはどうだろうか? 自分の理想体重よりオーバーしているだろうか? もし答えがイエスなら、あなたの意図は衝突している。現状が理想体重でないとしたら、あなたの意図の10%は理想体重になりたいと思っているが、90%はそう思っていない、ということなのだ。ワークショップの参加者に隠れた意図をあげてもらうと、次のようなものがあった。

- 食べることが好きだから、食べる楽しみを失いたくない
- あたたかいベッドから出て、寒空の下を走るのは嫌だ
- 努力したくない
- 体重計を見たくない。必ず体重オーバーだから
- ダイエットする時間がない

正確に言うと、これらは快適さや喜び、満足感、リラックス、特権など、心の奥深くにある意図を表している。つまり、水面下には無自覚の意図が存在し、それが自覚している意図と衝突しているため、コミットメントをやり抜くことが困難になるのだ。コミットメ

ントが成功するのは、隠れた意図よりも自覚している意図のほうが強いとき、もしくは意識的に両方の意図を調和させたときだ。

ビジネスの例で見てみよう。営業職では継続的に顧客を紹介してもらえるかどうかが成功と失敗を左右することが多いが、週に何度かは紹介を頼もうと思っていても、ほとんどの人はしない。これは明らかに何かが引っかかっているのだ。紹介を頼めない原因となる隠れた意図は何だろうか？　おそらく、こういったものだ。

- 一度も紹介してもらったことがない
- 紹介を頼んで今の顧客を失いたくない
- 断られるのが怖い
- 困窮していると思われたくない
- 気に入られたい
- 気まずくなるかもしれない

こうした隠れた意図を持っている営業担当者が紹介を依頼する確率はゼロに等しい。成績を上げるには、まずこうした意図があることを知る必要がある。それから、紹介を得たいという意図と調和させていく。

8章でコミットメントを成功させる4つのカギを紹介したが、もう一度紹介しておこう。

- 強い欲求を見つける
- 要となる行動を特定する
- 代償を考慮する
- 気分ではなくコミットメントに従って行動する

ではこれから、この4つのカギを使ってみよう。

コミットメントのためのエクササイズ

このエクササイズでは、あなたの12週間のコミットメントを作成していく。左ページの図は12週間チャレンジのコミットメント・ワークシートで、段階を追って完成させられるようになっている。

- まず輪の中にあるコミットメントのカテゴリー（精神面、パートナー／人間関係、家

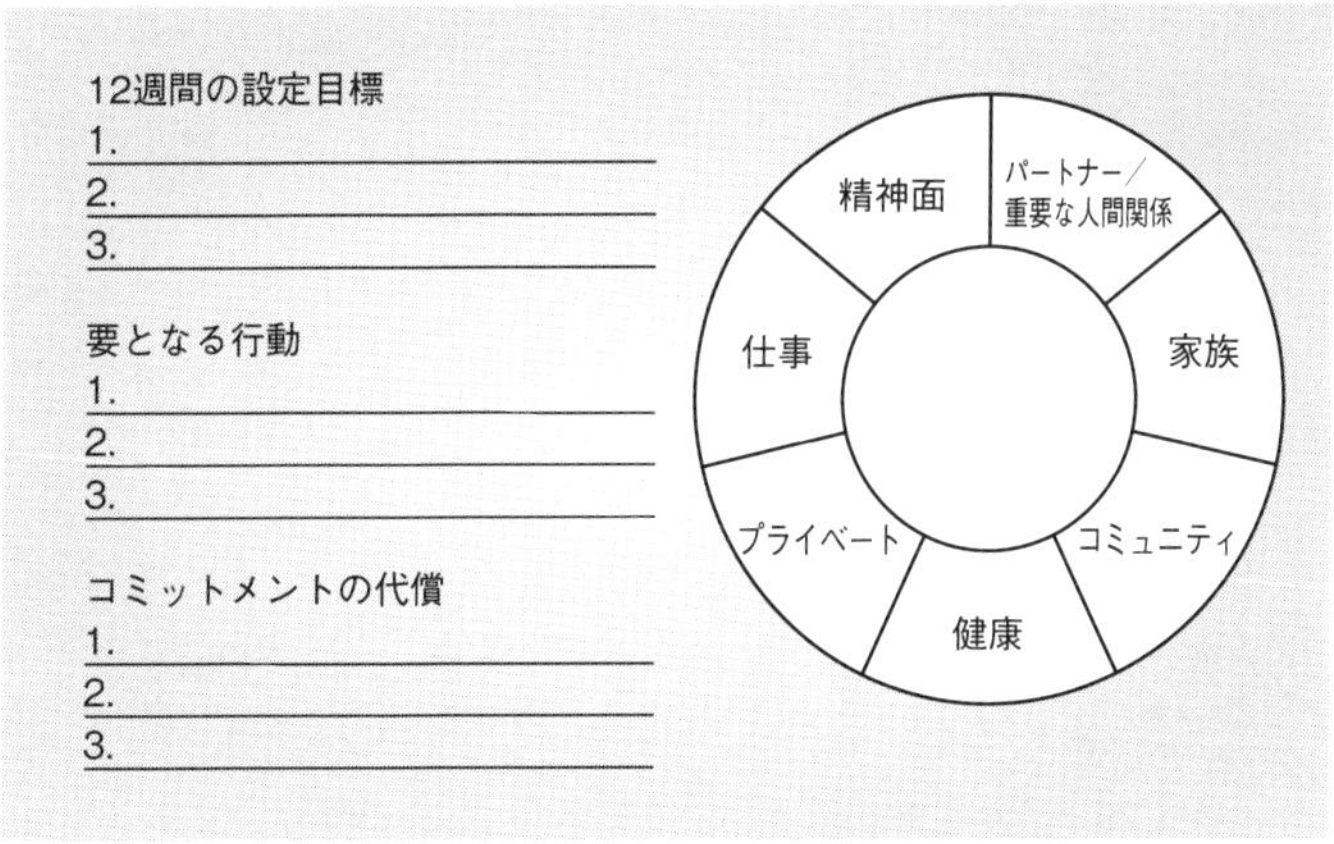

族、コミュニティ、健康、プライベート、仕事）から本気でブレイクスルーを起こしたいものを1つ選び、目標をいくつか決める。目標を決めたら「設定目標」の欄に書き込もう。できるだけ具体的かつポジティブに書くことを忘れないように。例として、この目標を使って説明していこう。「目標体重は84キロで、体脂肪率を10％にする」

- 次に、目標達成に最大の影響を及ぼす要となる行動を特定する。気をつけるべき大切なことは、この行動だけをやっていればいいのではない、ということだ。あくまでも、最大の影響をもたらすもの。この行動を毎日、もしくは毎週行うことが理想的だ。それを「要となる行動」欄に書き込もう。

・私の減量目標で考えると、減量して健康的になるためにできることはたくさんある。基本的なものは食生活と運動の２つだが、どちらも食事内容や習慣化する運動など選択肢は山ほどある。そこから、他の何よりも私の健康に最も良い影響を与えるものを１つ選ぶ必要がある。理想としては、他の行動もやる気にさせてくれるようなものがいい。私は週に４回以上運動すると自動的に食生活が改善されるので、私の要となる行動は運動だ。これはとても重要なステップだ。なぜなら、成功するには目標にコミットするだけでなく、要となる行動にもコミットすることがより重要だからだ。

・続いて、毎週その行動をやり続けることで失うものを考え、これを「コミットメントの代償」欄に書き込む。これは、決意した意図と矛盾するであろう無自覚の意図を水面に浮上させる作業だ。たとえば毎日運動することで、テレビを見る時間が減る、ゴルフに行く回数が減る、今より早起きが必要、どれだけ疲れていても必ずエクササイズを行う、などがある。食生活の改善による代償としては、好物を控える、外食を減らす、食事の量を減らすなど。

・最後に、代償を払う覚悟のある、要の行動に丸をつける。これで、あなたの12週間チャレンジのコミットメントが完成した！　これらのコミットメントは、12週間計画に書き込み、毎週実行すること。

他者とのコミットメント

2つめのコミットメントは、人と交わす約束だ。人とのコミットメントを今より成功させて約束を果たすために、まず数分の時間をとって次の質問に答えてみよう。

- 誰かが、あなたにとってとても重要な約束をしたにもかかわらず、守らなかったときのことを思い出してみよう。そのときの状況とあなたの感情はどうだっただろうか？
- あなたが誰かと約束をして、それを守れなかったときのことを思い出してみよう。相手はどう感じただろうか？　あなたはどう感じただろうか？
- 約束が破られたとき、互いにどういう影響があり、関係性はどう変わっただろうか？

ワークショップの参加者に約束が果たされなかったときのことを尋ねると、返ってきた答えにはこういうものがあった。

- 誠意の欠如
- 相手にがっかりとさせられ、信頼感がなくなった
- 信用できなくなった
- 関係が破綻した

ひどいものばかりだ！　コミットメントを守らないと関係が破綻し、自信や自尊心にも影響を及ぼす。

人間関係の悩みはたいてい、直接的であれ間接的であれ、約束を守らなかったことが原因だ。直接的な約束とは言葉で交わしたもので、間接的な約束とは暗黙の了解だ。間接的な約束には、こういうものがある。

- 親は自分の子どもを危険から守るものだ
- パートナーは相手を愛し、安心させるものだ
- リーダーはビジョンを持ち、公平に振る舞うものだ
- リーダーは部下に訓練を行い、成長させるべきだ

私たちはみな、他者と間接的な約束を交わしている。そのことに気づく必要がある。あ

なたが仕事やプライベートで他者と交わしている間接的な約束は何だろうか？　どのようにして、その約束を果たしているだろうか？　どうすれば改善できるだろうか？

個人のコミットメントを決めて達成するステップがあるように、他者とのコミットメントにもいくつかの重要なステップがある。

- **約束を守ろうという強い願望**――もしあなたの約束が大して重要なものでなかったら、約束を守るのは難しくなる。約束を破った結果や、それによってもたらされるものをよく理解したうえで、約束があなたにとって重要なものであったら、約束を果たせる確率は高くなる。
- **代償を考える**――個人的なコミットメント同様、誰かと約束をする前に代償を考えておくことは重要だ。とはいえ、時には考える時間がないこともあるだろう。もしコミットした後でできない、もしくはやりたくないと気づいたら、約束の期限が来る前にすぐに再交渉すること。
- **約束に基づいて行動する**――これも個人のコミットメントと同じく、時にはやりたくないこともあるだろう。そんなときこそ、気分ではなくコミットメントに基づいて意識的に行動しなければならない。

思考の転換

コミットメントに基づいて行動するには、思考をいくつかの核となる信念に合わせる必要がある。

ひとつは、ノーと言ってもいいという信念だ。人は約束を破られるより、できないと言われるほうがいいものだ。ノーと言えないのは誰かをがっかりさせたくないと思っているからだ。相手はあなたの目の前に立っていて、彼らの手伝いをしたり助けたりする機会がある。となると、ノーと言うよりイエスと言ったほうが、はるかに気分がいい。だが、ノーと言えばそのときは相手をがっかりさせるかもしれないが、長期的に考えると、安請け合いをして約束を果たせないよりずっといい。ノーと言っても本当に大丈夫なのだ。

コミットメントには代償が伴うため、ノーと言うことを学ぶだけでなく、長期的なメリットと短期的な不便さや不快感を同時に考える訓練も必要だ。目先のことよりも、あとで満足のいく結果を得ようとするのは生産的な考え方だ。これは多くの人が興味を持たない概念だが、目標に向かって一直線に進む方法であることには違いない。これが、効果的なコミットメントの最初のカギが「強い欲求」であることの理由だ。コミットメントの心構えは、楽しい行動よりも楽しい結果を選択することだ。

大切なことに真剣にコミットしたいのであれば、気持ちであきらめてはいけない。作家でビジネスコンサルタントのジム・コリンズは、ファスト・カンパニー誌に「ロッククライマーのリーダーシップレッスン」と題したすばらしい記事を書いている。その中でジムはロッククライマーとしての経験を生かして、「失敗（Failure）と滑落（fallure）」という概念を紹介している。以下に引用する。

失敗（Failure）と滑落（fallure）。その違いは微妙だが、違いというものは必ずある。滑落ではルートに戻れなくても、ルートから逸れることは絶対にない。滑落はルートの下に落ちることだが、失敗はルートから逸れることだ。滑落することは、必ずルートに戻るという完全なコミットメントを意味する。成功する可能性が20％か10％、たとえ5％であっても、這い上がるのだ。手元に残されたものは何もなく、精神的にも肉体的にも疲れきっている。だが決してあきらめてはいけない。「全力投球はできなくても……ベストを尽くすことはできるだろう」。滑落したときは、恐怖や痛み、乳酸による筋肉疲労、何が起こるかわからない不確実さの中で、常にベストを尽くさなければならない。周りから見れば、失敗と滑落は似ている（どちらも空を飛ぶことに変わりはない）が、滑落したときの精神的な経験は失敗のときとはまったく違う。

自分の本当の限界を感じるのは滑落したときであって、失敗したときではない。

この定義によると、「滑落していい。だが失敗するな」となる。結果よりも過程が大事なのだと今すぐ心に刻もう。結果はコントロールできない。コントロールできるのは行動だ。目標が大きすぎるのではないか、達成できないのではないかと心配しなくてもいい。それがどうしたというのか。いったんコミットしたら、あきらめないことだ。

思考の転換に関して最後に伝えたいことはこれだ。挑戦に伴う恐れや不確実性、疑いを乗り越えれば、その恩恵は今の状況のはるか向こうに待ち受け、またその過程であなたの人格が形成される。やると宣言したことが自分の力でやり遂げられると知ることは、人生の主導権を取り戻し自由になることである！

チームで活用するなら

部下との良好な関係と生産的な職場環境を維持するには、コミットメントを守る能力が不可欠だ。あなたが約束を破ると、あらゆる感情が呑み込まれ、部下との関係は破綻する。

私たちのクライアントのひとり、成功している金融サービス会社のCEOであるジムは、ある部下と打ち合わせをした際、彼がどこかよそよそしいことに気づいた。会話はいつもより弾まず、普段よりもずっと緊張感がある。そこでジムはその問題を解決しようと、何かあったのかと尋ねた。すると部下は、ジムが約束を守らなかったのだと指摘した。ジムはそう言われるまで、約束を破ったことにまったく気づいていなかった。だがノートを見返してみると、たしかに、あることを確認してその週のうちに戻ると約束していた。そのとき、約束からすでに2カ月が経っていた。

この話で私が面白いと思ったのは、部下がそれまで何も言わなかったことだ。もしジムが気づかなかったり、尋ねる勇気がなかったりしたら、ずっと言わずにいたかもしれない。それが、部下のジムに対する見方と2人の関係性に悪影響を与えていたのは間違いない。

完璧な人間になる必要はないが、コミットメントをしたらできるかぎり忘れずに、期限内に約束を果たすように努めよう。もし職場の環境を、コミットメントに従って行動し、それを遂行することを良しとするものにしたいのであれば、あなたがチームのお手本にならなければいけない。

よくある落とし穴

落とし穴❶ たった一度の失敗であきらめる

人生には障害が訪れることも、コミットメントを達成できないこともあり、自分や他人をがっかりさせる。そうなったら、また軌道に戻ることが大切だ。決してあきらめないこと！

落とし穴❷ 失敗したコミットメントに向き合わない

コミットメントとは、達成が困難になったからといって放棄するようなものではない。達成が難しくなったときは、その理由を深く掘り下げることが大切だ。うまくいかない原因をすぐに突き止め、新たに代償を払う決意をしよう。そうすれば、将来コミットメントを決定して達成する能力が培われる。

落とし穴❸　自分の言葉を大切にしない

私たちはときどき、できもしない約束をすることがある。しかも、約束をする前からできないとわかっていることが多い。本当ならノーと言うべきなのに、その場の衝突を避けたくてイエスと言っている。問題は、約束を破ると関係が壊れることだ。相手はもう二度とあなたを信用しなくなる。自分の言葉を大切にしていれば、安請け合いをすることもなく、約束を破ることもなくなる。

成功のヒント

成功のヒント❶　約束しすぎない

コミットメントは真剣なものなのだから、そのように扱おう。守りきれないほど多くの約束をしないこと。個人的なコミットメントは普通2～3個で十分だが、1つだけに絞ったほうがいいこともある。人との約束については、たいていの人はノーと言われるよりも、イエスと言っておきながら守られないことのほうが嫌だと覚えておこう。

成功のヒント❷　コミットメントを公言する

真剣にコミットしているものがあるなら、信頼できる人物に伝えてみよう。友人や同僚にコミットメントを伝える度に、やり遂げようという決意が増していく。

成功のヒント❸　仲間を作る

人生の多くのことと同じように、仲間と一緒にやったほうが楽になる。できれば、一緒にコミットできる友人や同僚、家族を見つけよう。彼らのサポートや励ましは成功の確率を高めてくれるだけでなく、成功までの過程がずっと楽しくなる。

19 はじめての12週間

YOUR FIRST 12 WEEKS

12週間チャレンジの概念をあなたのプライベートや仕事に活用するために、実績のあるやり方で最初の12週間を過ごす方法をお伝えする。本書は基本的に、書かれたことを行動に移せば実践できるようになっている。12週間チャレンジの実践に必要なものは、他に何もない。すぐに始めよう！

変化を起こし、それを維持し続けるには何が必要かという調査によって、12週間チャレンジの成功の確率を高めるためにできることがいくつかあるとわかった。この章で説明するのは、基本設計と同じく、うまく変化を起こすために必要なものを活用する方法だ。

読み進めながら、さらなる詳細や理解が必要なときは、いつでも関連する章に戻って読み直してほしい。私たちの真の願いは、あなたがこれまで以上の成果を生み出すお手伝いをすることにある。12週間チャレンジを活用したらどのような状況になったか、ぜひメールで知らせてほしい。

12週間チャレンジは、より効果的な行動を起こすことで最高の自分を引き出せるように作られているが、その価値を完全に理解して成功の確率を上げるためには、知っておくべきことがいくつかある。

「抵抗」という名のモンスター

もし人生の目標を追い求めている最中に抵抗に遭わなければ、私たちは全員すばらしい人生を歩んでいるはずだ。ところが現実は、偉大なことを達成するには努力を強いられる。それが、多くの人が本来なれるはずの自分になれない原因だ。

本書をここまで読んできたあなたなら、変化にはさまざまな障害があることにお気づきだろう。変化の感情サイクルは、時間の経過とともに現れる障害に対する感情的な反応を説明している。だが喜ばしいことに、それらの障害を乗り越える簡単な方法がある。とは言え、まずはそれらの障害に気づくことが、障害を乗り越えるために役立つだろう。

変化への抵抗という障害は、あなたが目標達成の前に直面するモンスターだ。6歳のころ、夜になるとベッドの下に潜んでいたモンスターのようなものだが、このモンスターは明るい場所に引きずり出すことで、それほど怖いものではなくなる。

こうした障害について書かれたすばらしい本はたくさんある。チップ・ハースとダン・ハースの『スイッチ！――「変われない」を変える方法』、チャールズ・デュヒッグの『習慣の力 The Power of Habit』、スーザン・ジェファーズの『とにかくやってみよう――不安や迷いが自信と行動に変わる思考法』などが私たちのお気に入りだ。障害とその解決策を深く知るには、これらの本を読むことをおすすめする。

だがまずは、12週間チャレンジのパワフルなツールの合理性を確立するために、一般的な障害と変化を線でつないでいくことにしよう。

すぐに得られる満足感の必要性

今すぐ得られる快適さと将来得られるであろう利益のどちらかを選べと言われたら、よほど説得力のある理由がないかぎり、私たちはほぼ毎回、今の快適さを選択する。これは、変化がとてつもなく有益だったとしても、今犠牲にしなければならないものが将来の利益よりも大きければ、ほとんどの人は変化を選択しない、ということだ。

成長よりも快適さを選択しがちなこの癖を変えるために、12週間チャレンジでは、12週間の目標を通して長期的ビジョンと現在とをつなげている。目標は、長期的ビジョンの計画の一部としてあなたが毎日やる行動につながっているのだ。それが、毎日最低でも数分間はビジョンを見直すことをおすすめする理由でもある。

営業の仕事をしているクライアントが、実は知らない人に会うことが大の苦手だったと言ったことがある。これは重要な問題だ。営業職であるからには、物を売る最初のステップはたいてい新たな見込み客に会うことだ。営業職としてのキャリアを断ち切りそうなこの問題を乗り越えたのは、新たな見込み客に会う直前に紙に書いたビジョンを取り出し、車のハンドルの上にそれを置いて読み上げたからだ、と彼は話してくれた。そうすることで、プライベートの動機と、そもそもなぜこの仕事をやっているのかという目的に自分をつなげたのだ。

彼はこうして新しい人と会う度に、今の恩恵と代償の公式をリセットしたのだ。短期的な快適さではなくビジョンを選択し、その過程として「新たな見込み客に会う」ことを選択した。彼はビジョンと日々の行動を、意図的にしっかりと一致させたのだ。

大きな変化と複数の目標

エイミー・N・ダルトンとスティーブン・A・スピラーが行った調査によると、一度に2つ以上の目標を持つと、計画を立てるメリットは、完全にはなくならないにしても、急激に減少するそうだ。この研究では、複数の目標の計画を立てる行為は、目標達成にかかわる障害や制約、また楽しい活動の制限をすべて考慮しなければならず、それがやる気をそぐ原因になると結論づけている。

なるほど、これはある意味で正しいだろう。非常に散らかった部屋をいくつも片付けなければならないプロジェクトがあるとして、山積みの洗濯物や汚れたカーペットの掃除といったやるべきことがたくさんあったら、途方に暮れて何もできなくなるかもしれない。

これは11章で説明した変化の感情サイクルとも一致する。まず情報のない楽観から、次に情報のある悲観へと移る。これは目標達成の代償を特定し、それらを書き出す段階にあたる。実行をどれだけ大変と思うかが、実行しようという意欲に影響を与える。

もしこんな計画を立てたらどうなるか、しばらく想像してほしい。収支のバランスを取り、食生活改善と運動でダイエットし、6カ月以内に結婚する。しかもプロジェクトマネジャーになることを目標に、新しい仕事を始めたばかりだとしたら。

ここに、さらにもうひとつ優先的な目標を追加したら、どうなるだろうか？　たとえば、今週土曜日の結婚式に参列するため、クリーブランドからシカゴまでドライブすると決めたとしよう。すると、他の目標の上に新しい目標（結婚式に参加する）と新しい計画（行き方）を積み重ねることになる。こうなると圧倒されてしまい、すべての計画を取りやめて、そのときの気分で判断することになる。

だがあなたは、そんなことにならないはずだ。車に乗り地図を使って、時間どおりに到着し、結婚式に参列する。なぜそうできるのか。もちろん答えは明白だ。一度に1つのことしか考えないからだ。たとえば運転をしているとき、あなたは1つの目標に対してのみ行動を起こしている。運転中にプロジェクトを完了させたり、収支を合わせたり、運動したりはしない。違う目標と行動は区別して脇に寄せ、目的地に着くまで1つのことに集中している。つまり、途方に暮れるやり方をしないのだ。

実は、このやり方は他の目標にも使える。運転は焦点を合わせることに役立つ。運転中は他のことができないからだ。長い高速道路では車線変更や地図の確認など他のことを考えるかもしれないが、曲がり角では運転だけに集中している。

チップ・ハースとダン・ハースは著書『スイッチ！』で、大きな変化による衝撃が小さく感じられるようになったときは、成功する可能性が高くなっていると書いている。だが、最終目標は決して小さくならないと理解しておくことが重要だ。あくまでも、そう感じられるようになる、というだけだ。

ダルトンとスピラーの調査では、複数の目標であっても、あなたができると思えばできる可能性は高くなり、複数の目標に対する計画が有益なものになることも裏付けられている。あなたができると思えば、計画を実行して恩恵を受けられるのだ！　言い換えれば、あなたが計画をどう考えるかが実行力に影響を及ぼすということだ。

『スイッチ！』には、変化の衝撃を「小さくする」方法が2つ紹介されている。ひとつは、最初に割り当てる時間を最小限に限定すること（例：5分間の掃除）、もうひとつはすぐに達成できること（例：小さいほうの浴室を掃除する）を目標にすることだ。このように小分けにすることで、変化による衝撃が小さく感じられ、滞りなく行動できるようになる。

12週間チャレンジでは、すぐに進捗を評価する能力が身につく。実は、本書をここまで読んできたあなたは、すでに最初のいくつかのステップに成功している。

また12週間チャレンジでは、進捗がすぐに視覚的にわかる。1週目の1日目に、人生でより高いレベルに到達しようとしているエリート集団に、あなたは加わることになる。12週間チャレンジの習慣を実践すれば、すぐに実行のプロになり、そのスキルは今後の人生に大きな配当をもたらしてくれる。

12週間チャレンジの規律もまた、複数の目標があっても道から逸れないようにしてくれる。12週間の目標を設定し、1日と1週間の行動を決めれば、基本的には各目標を順番に達成できる。さらに1週間、毎日すぐに進捗状況がわかり、1つの目標と行動に集中するために戦略タイムの時間を使うことができる。

これらを組み合わせて活用することで、12週間チャレンジのシステムであれば複数の目標があっても障害を乗り越え、一度に1つずつ実行できるようになるのだ。

古い習慣

あなたの今の行動が、今の結果を作っている。新しい結果を生むには、たとえば12週間の目標を達成するには、違うことを違うやり方で行う必要がある。問題は、今の環境と古い引き金が、これまでの行動と古い習慣を続けさせてしまうことだ。

チャールズ・デュヒッグの『習慣の力』には、古い習慣を捨てて新しい習慣を作るための4つのアプローチが紹介されており、なかでも重要なステップは計画に沿って行動することだと彼は述べている。紙に書かれた行動計画（心理学者はこれを「実行意図」と呼ぶ）は、環境による引き金がこれまでと変わらなくても、新しい習慣を作ることに役立つ。計画があるおかげで、古い環境のままでも新しい結果を生むような意図的な行動を選択できるようになるのだ。

12週間チャレンジの1週間の実行習慣は、すべてを変える新しい行動の引き金と、計画的な行動という新たな環境を作り出す。週間ルーティンを継続すると、12週間の目標が実現する可能性が高くなる。

被害者意識

人はときどき、自分には障害を克服できないと思い込み、自分の力を他者に譲り渡してしまう。実際は克服できるはずなのに、周りの状況がそう思わせないのだ。

自分のすばらしさを発揮できる方法は自分の外にあると思っていると、あなたはずっと変化を起こす力がないままだ。現実は、あなたがコントロールできるのは思考と行動だけだ。他のものは何であれ、影響を与えようとすることしかできない。あなたがすばらしさを発揮するには、個人の責任、つまり自分のビジョンや目標、計画の主導権を握ることが唯一最大の重要事項となる。7章と17章を再読して、所有者としての責任が持つ力を思い出そう。その2つの章は、本書で最もパワフルな章と言える。

はじめての12週間

はじめての12週間は、あなたにとって最も重要な12週間になるはずだ。もし、まずは慣れるために試しにやってみようという程度では、おそらく良い結果は出ないだろう。ここにケイシー・ジョンソンが当初試しにやった経験と、のちに真剣に取り組み、そこで体験したことを紹介する。

12週間チャレンジの恩恵を最大限に受け取るには、最初からきっちりとやることをおすすめする。自分のエゴは脇に避け、自分の知らないことを知っている人がいることを認めよう。彼らは、あなたがもっと良くなることを助けてくれるかもしれない。

私が最初に12週間チャレンジを知ったのは3月のことで、会社が著者を招いて2日間のトレーニングを開催した。最初、私は乗り気ではなかった。概念をちょっとかじっただけで、改善に関してはあまり興味がなかった。成功のために必要なことはすべて知っていると思っていたし、12週間チャレンジから学べるものは特にないとも感じていた。だが、それは間違いだったと気づいた。

7月、私の業績は芳しくなく、達成できると思っていた成果をはるかに下回っていた。

そのころ、12週間チャレンジの指導を受ける機会が与えられたので、お願いした。このとき初めて、12週間チャレンジに真剣に取り組もうと思ったのだ。

今振り返ってみると、真剣に取り組んだあの12週間は、12週間チャレンジのプロセスを実行する習慣を築くことがすべてだった。私は少し難しい目標を設定し、毎週の活動を促進させることに焦点を合わせて計画を作り、顧客に会う度に紹介を依頼し、毎週6回、見込み客と話をした。私は週間計画に従って行動し、毎週自分で評価した（評価は正直に行うこと。もっとうまくやれと誰かに急き立てられるわけではないのだから）。うまくいっていないことと向き合うために、12週間チャレンジのコーチと毎週会い、WAMにも参加した。

おかげでいろいろなことが変わったが、最も大きかったのは、以前にも増して時間を大切にするようになったことだ。浪費した時間は損失だ。今では最も価値のある行動に時間を使っていないと、お金を失っているように感じる。

最初の12週間が終わり、私は12週間チャレンジをうまく活用することができていた。私の活動は活発になり、結果が現れ始めた。2回目の12週間が終わるころには、前年とその半年前よりも多くの取引を成立させていたのだ！　会社の年間プロモーションでは、私は全国4位になった！　前年度もそこそこ良かったが、優秀者リストに名前は載っていなかった。それが、今は載っている！

私の話に耳を傾けてくれる人に伝えたいのは、12週間チャレンジの活用を考えているのなら、中途半端ではなく真剣にやること、というアドバイスだ。

ケイシーの話は興味深いが、めずらしいことではない。12週間チャレンジを活用すれば、あなたの想像以上に早く目標達成へと導かれる。そのカギとなるのは、最初の12週間に真剣に取り組むことだ。

12週間チャレンジをうまく活用できるようになれば、毎日、毎週の思考と行動に、さらに意図的になる必要が出てくるだろう。だがうれしいことに12週間チャレンジは、それが正しく行えるようにできている。それぞれの12週間にはパターンがあり、多くの点で12カ月（1年）と似ている。

各12週間で繰り返す最初のパターンは、長期的ビジョンの作成だ（もしくは再び感情とのつながりを作る）。幸いにも、このステップはすでに終えている。もしまだなら、12章に戻ってビジョンを作ろう。

ビジョンが決まったら、次に繰り返すステップは12週間の目標を設定することだ。これはビジョンの達成度を表し、すばらしい結果をもたらすものとなる。つまり、すばらしい結果そのものだ。目標が定まったら、目標達成のために12週間計画を作成する。ビジョンや目標、計画の作成や改良は、各12週間が始まる前に行っておこう。

あなたの12週間チャレンジは、あなただけのものだ。実は、4週間ずつ3回に分けることも、とても便利なやり方だ。

最初の4週間

研究によると、新しい概念や習慣を取り入れるときは、できるだけ早い時期に、しかも頻繁に行うことで、日々の習慣にできる可能性がずっと高くなるそうだ。

次の12週間があなたにとってブレイクスルーになるとすれば、これまで以上に高い成果をあげるために必要なことをやると、あなたが決めたからだ。あなたが作った計画を効果的に行うために、12週間チャレンジの概念とツールを使おう。毎週、長期的に見て戦略的に最も重要なことに時間を使うのだ。

12週間チャレンジの基本的な活動に集中し、できるだけ早めに習得しよう。週間ルーティンを使い、新しい習慣の次の3つのステップを実行するのだ。

- 週間計画を立てる
- 1週間を評価する

・WAM（週間報告会）に参加する

より効果的に実行するためには、時間を区切って、主要な指標で追跡することが重要だ。今すぐ最初の4週間をやり遂げるとコミットしよう。最初の4週間は、とても重要だ。目標に向かって迅速なスタートを切り、12週間チャレンジを実行システムとして構築するのだ。ここでは早い段階で成功して新しい習慣を作るために、週間ルーティンを活用する。良いスタートを切れば、最終目標をより達成しやすくなる。週間計画なしで1週間を始めてはいけない。毎週数分を使って、1週間を評価しよう（評価は2週目から。1週目を終えるまでは評価するものはない）。

WAMにも参加すること。評価に注意を払い、進捗を確認し、うまくいっていないことに対処しよう。

2度目の4週間

あなたも知っているように、人は新しいことを勢いよく始めるが、完全に結果が出る前に投げ出してしまう傾向がある。だが、投げ出さないでほしい！　実は、いったん12週間チャレンジを始めれば、週を追うごとにどんどん楽になってくる。習慣になるおかげだ。2度目の4週間が重要なのは、最初の新鮮さが失われることに加え、ゴールはまだ先にあるからだ。中だるみで少し緊張感がなくなるかもしれない。

今のあなたは、成功と12週間チャレンジの結果に向かって確実に進むことができる。実行値と目標値で進捗を確認し、1週間のスコアで85％を達成するようにし、目標に向かって進んでいることを実感しよう。それができないようであれば、うまくいかない原因を特定し、問題を解決するとコミットする。問題は計画にあるのか、実行にあるのか、あるいは両方なのか、それを見極めなければならない。12週間チャレンジを意図的な実行システムとして使うことを学べば、そのスキルは一生あなたに恩恵をもたらしてくれる。

最後の4週間（と秘密の13週目）

最後の4週間は勢いよくフィニッシュを迎えるチャンスだ。12週間の目標を達成していても、していなくても、勢いよく終えられればポジティブな結果を生み、次の12週間に向かうことができる。この時点で、あなたは普通の人が滅多にやらないことを成し遂げた。あなたの思考と行動は、意図的に成果と能力を永遠に飛躍させられるものに変わっているはずだ。

はじめての12週間の基本的な目標は2つ。ひとつは12週間の目標を達成すること。さらに重要なのは、12週間チャレンジを効果的に活用する方法を学ぶことだ。実践から学ぶのだ。うまくいったこと、いかなかったことに注意を払い、それを次の12週間に活かそう。

それが、13週目にやることだ。目標達成に必要ならば、あともう1週間、努力するチャンスがある。再び評価を行い、次の12週間で違うことをするかどうかを決める1週間でもある。さらに13週目は、あなたの進歩と成功を確認して祝福する機会でもある。

成功のためのヒント

私たちは、最初の12週間の重要な時期に、コーチとなるメールを配信している。その内容を以下に掲載するので、12週間をやり抜くための参考にしてもらいたい。このページにしおりをはさみ、そのタイミングで読み返して、自身を鼓舞しよう。また、私たちのサイト（www.12weekyear.com）に登録してもらうと、成功のヒントを毎週手に入れることができる。

2週目

おめでとう。あなたは12週間チャレンジのシステムを使って1週目をやり終えた。まだ先週の評価をしていない場合は、ここで数分間、成果を評価し、翌週の計画を作ろう。それが終わったら、心の中で次の質問に答えてみよう。

- 評価はどうだったか？
- うまくいったことは何か？
- どうすればもっと効果的にできるか？

最初の週の評価は、それほど重要ではない。重要なのは、評価と翌週の計画を立てるための時間を毎週確保することだ。あなたは向上することにコミットし、未来と目標を達成する計画を作ると決めて、そのために時間を費やした。今の段階であなたがやるべきは、計画を実行することだけだ。

効果的な実行を、毎日、毎週行うこと。12週間の目標達成のカギとなるのは、継続してこの仕組みを活用することだ。時間とともに毎週のスコアは上がっていくだろう。スコアが上がっているということは、効果的な実行が行えていることを示している。

完璧になる必要はないと覚えておこう。着実に前進し、粘り強くいよう。それでは、すばらしい1週間を！

「成功に不可欠な資質は粘り強さだけだ。粘り強さがあれば、たいていの障害なら乗り越えられる。たとえ自然が相手だとしても」（ジョン・D・ロックフェラー）

3週目

12週間チャレンジの3週目にようこそ！　あなたが12週間チャレンジをどれだけ活用しているかは問題ではない。翌週の計画や評価を終えていないとしても、評価をあまり気にしすぎないこと。翌週の計画や評価ができていなくてもかまわない。やると決意するなら、今この瞬間だ。

実行のカギとなるのは、継続的にこのシステムを使うことだ。ビジョンと計画にコミットし、再びコミットして実行する。それを今日から始めよう。まだ12週間計画を書き出していなければ、今日中にやっておこう。もし週間計画や前週の評価をやり終えていなければ、今週やるとコミットしよう。

ここまで12週間チャレンジのシステムをうまく活用できているなら、すばらしい！　12週間チャレンジの最初の数週間で最も重要な目標は、真剣に取り組むことだ。いったん毎日と毎週の行動が習慣化してしまえば、毎週の評価も向上していく。

今がどうであろうと、あなたは向上するとコミットした。未来を思い描き、そこに到達するための計画作りに時間を費やした。今あなたがやるべきは、計画を実行することだけだ。

5週目

5週目にようこそ！　先週のスコアはどうだっただろうか？　12週間の目標から逸れていないだろうか？

残されたのは7週間だ。すばらしいことを起こすための7週間でもある。12週間チャレンジにはあまり時間がない。だから、今週実行することがとても重要だ！　効果的な実行は毎日、毎週、起きている。あと7週間しか残されていないということは、もうスコアは85%を切ってはいけない。

毎週のスコアは重要だ。85%を切っていても仕事では大きな成果が出ているかもしれないが、計画表には多くのやり残しがある。「良い」と「すばらしい」の間には、太い境界線がある。それが毎週の85%ラインだ。

あなたは12週間の5週目まで来た。ここまでの評価がすべて85%以上だとしたら、この5週間で何が変わっただろうか？ 今日あなたはどの地点にいるだろうか？ 5週間でそこまで来られたのは驚くべきことだ。5週間ずっと85％以上のスコアを維持できたのであれば、結果は必ず変わる。そして、あなたの人生も変わる。

85％以上を達成した3週目、4週目、5週目で、あなたの人生に影響があったことを考えてみよう。

85％をキープしよう！

8週目

すでに8週間が過ぎた！ これほど早く12週間チャレンジが進むとは驚きだろう。この時期に起こりがちな興味深いことがある。私たちはそれを「成功前のストレス」と呼んでいる。

12週間チャレンジでは、行動が欠落するとはっきりわかる境界線がある。それは12週間チャレンジをやる前からあったが、それほど明確ではなかった。成功前のストレスがそのひとつで、これは、やるべきことをやらずにいたときの不快感だ。

成功前のストレスに直面したとき、私たちは自然とそれを解決しようとする。そのときたいてい、2つの解決策から1つを選ぶ。簡単な解決方法は、12週間チャレンジをやめることだ。そうすれば、うまくいかなかったことを照らし出すライトを消すことができる。これは受け身の抵抗だ。週間計画や評価を完了させるのをやめ、あとでやろうと言い聞かせるが、その「あと」は絶対に訪れない。

もうひとつの解決策は、成功前のストレスを変化のきっかけとして利用することだ。不快感から逃げるのではなく、変化に向かって前進するための刺激にするのだ。

成功前のストレスは必ず経験し、その実体は変化の実行値だ。「逃げる」という選択肢を排除すれば、成功前のストレスはやがて戦術の実行を促すものになる。引き返すという選択肢がなければ、不快感を解決する唯一の方法は、計画を実行し前に進むことだけだ。

成功前のストレスをより効果的な実行に活用することを学び、すばらしい結果を手に入れよう。実行あるのみ！

11週目

11週目へようこそ！　今年残されたのはいよいよ1週間となった。ここまでの成果はどうだろうか？　12週間の目標は達成できただろうか？　計画はちゃんと実行できただろうか？

覚えているだろうか？　思考が行動を起こさせ、最終的には結果を生んでいることを。あなたは、時間はまだたっぷり残っていると思っていないだろうか？　残りの数日に、1年の終わりのように注意を払っているだろうか？

ジム・コリンズの『ビジョナリー・カンパニー2』に、州選手権で連続優勝した高校生のクロス・カントリーチームの話が載っている。20位内だったチームが優勝へと飛躍したのだ。コーチのひとりは「なぜだかわからない」と言っている。「なぜうまくいったのだろうか？　他のチームと練習量は大して変わらないし、やっていることもいたってシンプルだ。何がうまくいったのだろうか」と。

その答えを聞けば驚くだろう。チームを成功に導いた理由は、勢いよく終えているからだ。「私たちは練習の最後に最高の走りをする。レースの最後に最高の走りをする。シーズンの最後にも最高の走りをする」

12週間チャレンジでも勢いよく終えることが重要だ。今がシーズンの終盤戦だ。もう今年は2週間も残されていない。目標達成まで2週間もないのだ。

この12週間を勢いよく終えられるよう、エネルギーを集中させよう。翌週や翌月では手遅れだ。今週、何ができるだろうか？　それを今日やろう！

勢いよく終えるために次のことにコミットしよう。

12週間を勢いよく終える！

1週間を勢いよく終える！
今日を勢いよく終える！
すばらしい自分になる！

チームで活用するなら

最初の12週間は、12週間チャレンジを存分に活用したいと思うリーダーにとって、とても重要なときだ。あなたのチームは、これがチームの新しいやり方なのか、単なる気まぐれなのかを見極めようとする。

大切なのは、あなたは進捗を早期に、そして頻繁に確認できるということだ。進捗の確認は個人でもチームでもやろう。毎週の進捗と勢いを感じる感覚を養い、変化に気づこう。結果を変えることはできないのだから、過程に注意を払うことが重要だ。

最初の週は、部下の12週間計画をチェックしよう。必要があれば改善のための提案を行うが、計画を書いた本人がコントロールできるようにすることが大事だ。部下がうまく練られていない計画を実行しないように注意しよう。特に最初の12週間では、それが大切になる。必要があればＷＡＭにも参加して、部下を励まそう！　そのときは手本を見せられるように、自分の週間計画と前週のスコアを持参すること。

最低でも3週間に1回は、全員の進捗状況を個別に確認しよう。そのとき、彼らの計画、週間計画、平均スコア、実行値と目標値を見せてもらう。古いこととわざにあるように、期待するよりも確認だ。

行動後の振り返り

リーダーには常に向上するための努力が必要だが、チームの向上を助けることも必要だ。最初の12週間（次の12週間も）が終わったあとで行動を振り返ることは、あなたやチームが学んで向上するために効果的な方法だ。振り返る際には、うまくいったことと、次にもっと効果的にする方法とを確認して、特定する時間が必要だ。12週間が終わる度に、必ずしっかりとした振り返りを行おう。

おわりに――そして13週目へ

12週間が終わる度に、13週目がある。13週目があるのは、12週間を振り返って確認し、次の12週間を新たな気持ちで迎え、目標達成の計画を立てるためだ。

12週間チャレンジは、より効果的な実行を通して成果を上げるシステムだ。ここまで読み進めたあなたなら、12週間チャレンジは人生のどんな分野でも結果を劇的に改善させられる方法のすべてが詰まった完全なシステムだとお気づきのことだろう。真剣に取り組めば、の話だが。

この12週間チャレンジの力に気づくのは、実践したときだけだ。何万人ものクライアントがこのシステムを取り入れ、計画を実行し、驚くべき成果をあげている。12週間チャレンジがもたらす効果に大いに期待してほしい。

12週間チャレンジは単なるシステムではなく、コミュニティでもある。私たちのビジョンは、できるだけ多くの人に良い影響を与えることだ。そこで、あなたと同じく12週間チ

参考文献

- Cassara, Lou. *From Selling to Serving: The Essence of Client Creation.* Chicago: Dearborn Trade Publishing, 2004.
- Collins, Jim. *Good to Great: Why Some Companies Make the Leap ... and Others Don't*. New York : HarperCollins, 2001.（邦訳：『ビジョナリー・カンパニー２――飛躍の法則』山岡洋一訳、日経ＢＰ社、２００１年）
- Collins, Jim. "Leadership Lessons of a Rock Climber." *Fast Company*, December 2003.
- Dalton, Amy N., and Stephen A. Spiller. "Too Much of a Good Thing: The Benefits of Implementation Intentions Depend on the Number of Goals." *Journal of Consumer Research* 39 (October 2012).
- Deutschman, Alan. "Change or Die." *Fast Company*, May 1, 2005.
- Duhigg, Charles. *The Power if Habit: Why We Do What We Do in Life and Business*. New York: Random House, 2012.（邦訳：『習慣の力　The Power of Habit』渡会圭子訳、講談社、２０１６年）

- Heath, Chip, and Dan Heath. *Switch: How to Change Things When Change Is Hard*. New York: Broadway Books, 2010.（邦訳：『スイッチ！――「変われない」を変える方法』千葉敏生訳、早川書房、２０１６年）
- Jeffers, Susan. *Feel the Fear and Do It Anyway*. New York: Random House, 1987.（邦訳『とにかくやってみよう――不安や迷いが自信と行動に変わる思考法』山内あゆ子訳、海と月社、２００９年）
- Kelley, Don, and Daryl R. Connor. "The Emotional Cycle of Change," in *The 1979 Annual Handbook for Group Facilitators*, edited by John E. Jones and J. William Pfeiffer. New York: John Wiley & Sons, 1979.
- Koestenbaum, Peter, and Peter Block. *Freedom and Accountability at Work: Applying Philosophic Insight to the Real World*. San Francisco: Jossey-Bass, 2001.
- Lohr, Steve. "Slow Down, Brave Multitasker, and Don't Read This in Traffic." *New York Times*, March 25, 2007.
- Malachowski, Dan. "Wasted Time at Work Still Costing Companies Billions," June 2005, www.salary.com/wasted-time-at-work-stillcosting-companies-billions-in-2006/.
- Moran, Brian. "Performance Change with Pre-Task Planning Applied Prior to Task Execution." Study conducted in 1989 by Senn-Delaney Management Consultants. Results

・12週間チャレンジ公式サイト：www.12weekyear.com
・Eメールアドレス：info@12weekyear.com
・電話番号：+1-517-699-3570／+1-877-699-3570

ブライアンを呼ぼう！

12カ月で達成できることよりも多くのことを12週間で達成するために、著者のブライアン・モランがあなたとチームに刺激を与えてくれる。

多くの企業はチームに新しい技術やアイデアを取り入れようと、かなりの時間、労力、お金を注ぎ込んでいるが、新しい概念を学び、適用するとなると、たいてい大きなギャップが生じる。

「すばらしいアイデアも、実行されなければまったく価値がない」

組織のメンバーが本当に必要としているもの、つまり目標達成の実行システムを取り入れるときかもしれない。すばらしいアイデアだけでは不十分だ。市場は具現化されたアイデアにしかお金を払わない。ぜひブライアンを招き、高いレベルで実行するには何が必要か、また、12週間チャレンジのシステムを使って目標や大志を達成するにはどうしたらいいかを、あなたのチームに話してもらおう。

ブライアンの興味深いセッションは、1時間の基調講演から1日のワークショップまで柔軟に対応しており、成功には何が必要かという新鮮な洞察を与えてくれる。

ブライアンをあなたのチームに招くには……

- ウェブサイト：http://brianpmoran.com
- 電話番号：+1-517-699-3570／+1-877-699-3570

12週間チャレンジ認定コーチ

多くの人にとって、12週間の目標が達成できない最大の障壁は、やってみようという意識が欠けていることではない。古い習慣と、これまでの実行システムによって元に戻ってしまうせいだ。

そこで、認定コーチによる指導が用意されている。研究によると、コーチによる指導があれば、成功率は95％まで高まる。認定コーチは、目標を少しでも早く達成するために原則と規律をうまく活用できるよう手助けをする訓練を受けている。

12週間チャレンジの認定コーチは、あらゆるステップであなたを指導し、あなたが目標と計画を見失わないようサポートする。

指導プログラムは、ニーズに合わせて1時間から12週間まで。また、役員や個人、グループごとの指導も行っている。指導プログラムの詳細は……

・ウェブサイト：www.12weekyearcoach.com
・Eメールアドレス：coach@12weekyear.com
・電話番号：+1-517-699-3570／+1-877-699-3570

■著者紹介

ブライアン・P・モラン（Brian P. Moran）
リーダーや起業家の業績を改善し、生活の質を向上させることを目的とするExecution Company創業者および最高経営責任者。UPS、ペプシコ、ノーザン・オートモーティブの役員を務めるほか、数多くの国際的企業のコンサルタントを毎年行う。同時に起業家としてビジネスを成功させ、大勢の人々の成長と成功に貢献している。主要な経済誌や雑誌に寄稿するほか講演家としても人気が高く、毎年何千人もの人々に教育を行い、刺激を与えている。ミシガン州で妻のジュディと２人の娘とともに暮らしている。

マイケル・レニントン（Michael Lennington）
Execution Company副社長であり、コンサルタント、コーチ、リーダーシップ講師。組織の永続的変化の実行に関する専門家として、アメリカだけでなくヨーロッパ、アジア、中東地域のクライアントに売上、サービス、収益性を高める企業主導の実行を指導している。ミシガン州立大学の学士と、ミシガン大学ロス・スクール・オブ・ビジネスのMBAを取得。ミシガン州北部で妻のクリスティンと子どもたちとともに暮らしている。

■訳者紹介

中野眞由美（なかの・まゆみ）
翻訳家。大阪府生まれ。 訳書に『呼び出された男――スウェーデン・ミステリ傑作集』（共訳、早川書房）がある。

2018年6月4日 初版第1刷発行

フェニックスシリーズ ⑦③

12週間《しゅうかん》の使《つか》い方《かた》
——実行サイクルの4倍速化プログラム

著 者 ブライアン・P・モラン、マイケル・レニントン
訳 者 中野眞由美
発行者 後藤康徳
発行所 パンローリング株式会社
〒160-0023 東京都新宿区西新宿7-9-18 6階
TEL 03-5386-7391 FAX 03-5386-7393
http://www.panrolling.com/
E-mail info@panrolling.com
装 丁 パンローリング装丁室
印刷·製本 株式会社シナノ

ISBN978-4-7759-4198-0